루터교회 세례·입교·새신자를 위한

기독교 신앙의 기초

루터교회 세례·입교·새신자를 위한

기독교 신앙의 기초

기독교한국루터회 총회교육원

컨콜디아사

차례

일러두기

1. 성서 표기와 인용은 『개역개정판』을 따랐습니다.
2. 본문에서 인용한 루터의 소교리문답과 대교리문답은 아래와 같습니다.
    - 말틴 루터, 『소교리 문답서 해설』, 지원용 옮김(서울: 컨콜디아사, 1998)
    - 마르틴 루터, 『마르틴 루터 대교리문답』, 최주훈 옮김(서울: 복있는사람, 2017)
3. 각 장 마지막에 인용한 기도문은 마틴 루터, 『프로테스탄트의 기도』, 최주훈 옮김(서울: 비아, 2020)에서 가져왔습니다.

복음은 시대와 문화에 맞게 새로운 옷을 입어야 합니다. 하지만 그 가운데 변하지 않는 말씀과 기독교 신앙의 근본 교리는 굳건히 세워져야 합니다. 독일의 종교개혁자 마르틴 루터는 개신교 최초의 신앙고백서인『대교리문답』과『소교리문답』을 통해 교파를 뛰어넘어 모든 그리스도인들에게 꼭 필요한 신앙 교육 교재를 만들었습니다. 이제 우리의 과제는 이 소중한 유산을 간직하고 계승하면서 동시에 우리 시대에 맞는 언어와 표현으로 그 내용을 전승하는 것입니다.

이번에 기독교한국루터회 총회교육원에서 발간한『기독교 신앙의 기초』는 세례, 입교, 새신자를 위한 맞춤형 성경공부 교재입니다. 그동안 세례자 성경공부 교재가 단순히 교리를 나열하거나 형식적인 문답형 교재였다면, 이번에 나온『기독교 신앙의 기초』는 일상적인 소재를 통해 쉽고 재미있게 교리를 공부할 수 있게 구성했습니다. 무엇보다 각 과마다 루터의『소교리문답』의 핵심 내용을 간추려서 소개하고, 자연스럽게 기독교의 기본 교리를 익힐 수 있도록 집필되었습니다.

루터교회는 전통적으로 사순절 기간에 성도들에게 기본적인 교리 교육을 진행해 왔습니다. 본 교재는 수요예배나 소그룹 모임에서 공동체가 함께 나눌 수 있도록 구성되었습니다. 공동체 구성원이 함께 읽고 이야기를 나누면서 각자의 신앙을 점검하고 그리스도인의 소명을 더욱 분명하게 확인하는 계기가 되길 바랍니다. 본 교재가 루터교회뿐만 아니라 한국 기독교 전체에도 널리 애용되어 많은 이들이 도움을 받고 활용되길 기대합니다.

기독교한국루터회

총회장 김은섭 목사

한국루터교회에 소속된 지역교회들이 공동으로 사용할 수 있는 적절한 세례·입교 교재에 대한 요청이 오래전부터 있었습니다. 물론 전통적으로 루터교회는 루터가 직접 쓴 『소교리문답』과 『대교리문답』을 새신자 및 입교 교육과 가정에서 자녀 교육의 표준 교재로 사용해왔습니다. 목회자들 역시 루터의 교리문답서를 상황에 맞게 적용하여 새신자 교육에 사용해왔습니다. 그러나 세례·입교를 위한 교단적 차원의 교육 지침이나 교재가 마련되어 있지 않아 루터교인으로서 공유해야 할 기본적인 신앙의 안내가 부족한 형편이었습니다. 이로 인해 새신자 교육 프로그램과 관련하여 교회들마다 적지 않은 차이를 보여 온 것이 현실입니다.

총회교육원은 한국루터교회 지역교회들이 공동으로 사용할 수 있는 교육 교재의 중요성을 인식하고, 다양한 교재 개발을 위해 노력했습니다. 교재 내용의 완성도와 더불어 그 적용 방식의 중요성에 대해서도 강조해왔습니다. 각 교회마다 특수한 상황이 있다 하더라도 세례·입교 교육에 있어서는 교단적 차원에서 최소한의 통일성을 존중하는 것은 여러 면에서 적지 않은 의미가 있습니다. 그러나 동시에 특정 교재나 프로그램을 통일된 표준으로 강요하는 것도 적절치 않은 일입니다.

루터교회 기본 교리교육의 자료는 시대와 지역을 넘어 늘 마르틴 루터의 교리문답서들을 기초로 삼고 있지만, 이에 대한 적용과 활용은 환경에 따라, 지역교회에 따라, 목회자의 교육 방식에 따라 다를 수 있습니다. 이 때문에 루터교회로서 공유하는 기본적 교리에 충실한 내용과 환경에 적절하게 적용할 수 있는 다양한 형식을 반영하는 교재 개발은 우리의 지속적인 과제가 될 것입니다.

이번에 총회교육원에서 출판한 『기독교 신앙의 기초』는 루터의 교리문답서의 내용과 구조에 기초를 두면서도 상당히 현대적인 방식을 통해 효과적으로 교육할 수 있도록 기획되었습니다. 기본적인 구조 및 내용의 초안은 최경환 연구원이 기획 집필하였고, 최주훈 목사가 예배에 대한 보충 설명을, 루터교회의 신앙고백적 특성과 교리문답 교육의 중요성에 대한 글은 교육원 원장이 첨가하였습니다. 그 밖에도 여러 목회자들이 이 교재 내용을 검토하고 수정하는 일에 참여해 주었습니다. 이 책이 나오기까지 수고한 모든 분께 감사드리며, 이 작은 책이 루터교회를 널리 알리며 각 지역교회 성장을 위해 유용하게 사용되고, 또 총회적으로도 루터란을 함께 묶는 역할을 할 수 있길 기대합니다.

기독교한국루터회 총회교육원
원장 박일영 목사

제1과

우리가 믿고 신뢰하는 것:

십계명 1

인도자 가이드

1과에서는 십계명의 제1계명에서 제3계명까지 공부합니다. 십계명 전체에서 제1계명의 중요성을 설명하고, 그 의미가 구체적으로 무엇인지 소개합니다. 하나님을 믿고 신뢰하는 것은 인간이 만든 우상을 배척한다는 것과 연결되어 있음을 알려주고, 구체적으로 어떻게 하나님을 섬길 수 있는지 가르쳐줍니다. 하나님의 창조 질서 속에서 우리에게 맡겨주신 재물과 지위를 선하게 사용하는 방법을 이야기합니다.◆

목표

- 십계명의 전반부 내용을 이해하고, 하나님을 신뢰한다는 것이 어떤 의미인지 배웁니다.
- 모든 것의 주인은 하나님뿐임을 알고, 하나님께서 우리에게 맡긴 사명은 무엇인지 배웁니다.

묵상하기

- **오늘날 기독교를 비판하는 무신론자들의 이야기를 들어본 적이 있나요? 그들이 주장하는 비판에 우리는 어떻게 응답해야 할까요?**

"기독교인들은 폭력적이고 전쟁을 좋아하는데, 그 이유는 그들이 섬기는 신이 잔인하고 폭력적이기 때문이다. 종교는 악이고, 신은 망상일 뿐이다."

- 리처드 도킨스

프로이트는 "신은 억눌린 욕망의 투영"이라고 말했습니다. 지금 여러분이 믿고 있는 하나님은 정말 성경에서 말하는 하나님이 맞나요? 혹시 내가 믿고 싶은 하나님, 내가 만든 우상을 진짜 하나님이라고 착각하고 있는 건 아닐까요?

관찰하기

❶ 예수님께서 복음서에서 가르치신 것처럼 계명은 두 개의 주요 부분으로 나뉩니다(마 22:36~40).

제1~3계명은 우리가 어떻게 하나님을 사랑하는지를 보여줍니다. 제4~10계명은 우리가 다른 사람을 사랑하는 방법을 보여줍니다.

"선생님 율법 중에서 어느 계명이 크니이까" 예수께서 이르시되 "네 마음을 다하고 목숨을 다하고 뜻을 다하여 주 너의 하나님을 사랑하라 하셨으니 이것이 크고 첫째 되는 계명이요."(마 22:36~39)

제1계명: 나 외에는 다른 신들을 네게 두지 말라

제2계명: 네 하나님 여호와의 이름을 망령되게 부르지 말라

제3계명: 안식일을 기억하여 거룩하게 지키라

❷ 루터는 대교리문답에서 제1계명을 설명하면서 "당신의 마음이 매달려 있고 당신의 모든 것을 지탱하는 대상, 그것이 바로 당신의 신"이라고 말합니다.

우상숭배는 어떤 형상을 만들어 숭배하거나 기도하는 것만이 아닙니다. "무엇보다도 우상은 마음에서 만들어집니다." 종교개혁자 칼뱅은 "인간의 마음은 우상을 제조하는 공장"이라고까지 설명합니다. 인간은 계속해서 자기만의 신을 만들어 내는 우상 공장과 같습니다. 그래서 십계명의 첫 계명은 "다른 어떤 것들보다 하나님을 두려워하고, 사랑하며, 신뢰하라"고 말합니다.

사람들은 돈과 재물을 의지하며 살고, 위대한 지식이나 권력 혹은 명예(인기)를 신뢰하며 살아갑니다. 하나님과 견줄 수 있는 여러분의 우상은 무엇인가요?

❸ 순전한 마음으로 하나님을 섬기며 첫 계명을 지킨다면, 다른 계명은 저절로 성취될 수 있습니다. 2계명과 3계명은 1계명에 대한 적용이라 할 수 있습니다.

제2계명은 우리의 입술과 혀가 하나님께 합당한 자리에 있도록 가르칩니다. 마음에서 시작해 밖으로 드러나는 가장 첫째 관문이 '말'이기 때문입니다. 제2계명은 오직 여호와 하나님께만 "기도와 찬양과 감사로서 그분을 예배하고 섬기라는 의미"입니다.

제3계명은 고단한 삶의 현실에서 충분한 쉼을 가지라는 하나님의 배려이며, 동시에 하나님을 예배하며 축제를 즐기라는 의미이기도 합니다. 안식일이 거룩한 이유는 이날 자체에 있는 것이 아니라, 우리의 거룩한 행동 여부에 달려 있습니다. "거룩하게 된다는 것은 하나님의 말씀을 좇아 부단히 살아가는 것을 뜻합니다."

❹ 하나님께서 우리에게 맡기신 재물을 하나님으로 착각해서 섬기면 안 됩니다. 청지기는 주인이 맡긴 재물을 잘 관리하다가 주인에게 다시 돌려주는 것이 그의 사명입니다.

우리는 모두 하나님의 창조 질서에 따라 각자의 자리로 부름받았습니다. 하지만 어떤 이들은 자기에게 맡겨진 재물을 함부로 사용하거나 지위를 남용해 부당한 권력을 휘두르기도 합니다. 재물과 지위는 하나님을 섬기기 위한 '수단'이자 '도구'이지 '목적'이 되어서는 안 됩니다.

하나님께서 나에게 맡긴 재능과 지위는 무엇인가요? 그것으로 하나님을 섬기고 이웃을 섬기기 위해서는 어떻게 활용해야 할까요?

실천하기

- 루터는 교회 안에도, 우리의 예배 속에도 우상숭배가 있을 수 있다고 말합니다. 성경과 상관없이 내가 만든 하나님, 내가 원하는 교회, 내가 원하는 예배가 있을 수 있다는 말입니다. '하나님은 이런 분이야, 교회는 이래야만 해, 거룩한 예배는 이런 거야', 이 모든 판단과 근거는 성경인가요? 아니면 나의 욕망의 투영인가요?

- 하나님의 이름을 오용한다는 것은 입으로는 하나님을 주님이라고 부르면서 매사에 거짓과 악한 습관을 일삼는 것을 말합니다. 우리는 언행일치를 이루고 있는지 자신의 행실을 돌아봅시다.

- 안식일을 거룩하게 지키는 것은 다름 아닌 하나님의 말씀을 "가르치고 전하고 듣고 읽고 깊이 숙고하며 실천"하는 것입니다. 여러분은 하나님의 말씀을 배우고 익히기 위해 얼마나 애쓰고 있나요? 말씀을 읽고 배우기 위한 구체적인 계획을 세워봅시다.

오 나의 주님, 당신의 은총으로 저를 도우소서.

날마다 당신의 계명을 더 잘 배우고 이해하게 하셔서,

흔들리지 않는 신뢰 가운데 그 계명을 따라 살게 하소서.

주님, 저의 마음을 지켜주소서.

다시는 당신의 은총을 잊거나

불충한 삶을 살지 않게 하소서.

땅 위에 있는 것이나,

땅 아래 있는 어떤 피조물에도 매달려

위로를 찾지 않게 하소서.

거룩하신 사랑의 주 아버지 오직 유일하신 당신께만

나의 심장을 걸어놓고 살게 하소서.

아멘.

마르틴 루터, pp. 46-47.

- 성경에는 십계명에 대한 명확한 분류가 나오지 않기 때문에 역사적으로 교회마다 분류하는 방식이 달랐습니다. 유대교는 서문을 첫째 계명으로 분류했고, 서방교회는 아우구스티누스 이후 "나 외에는 다른 신들을 있게 말지니라"와 "우상을 만들지 말라"는 계명을 하나로 보았고, 형상 금지를 중요하게 여겼던 동방교회는 이 둘을 구분했습니다. 종교개혁 이후 개혁파교회는 동방교회의 전통을 살려 위의 둘을 구분했으나 루터와 루터교회는 서방교회의 전통을 따라 1~3계명을 십계명의 전반부로, 4~10계명을 십계명의 후반부로 구분해 사용합니다.

제2과

이웃을 사랑하고 섬기는 삶:

십계명 2

인도자 가이드

2과에서는 십계명의 제4계명에서 제10계명까지 공부합니다. 하나님은 십계명을 통해 이웃을 사랑하고 섬기는 구체적인 방법을 가르쳐 주십니다. 그리스도인은 부모와 자녀, 부부 사이, 개인과 국가, 이웃과의 관계 속에서 어떻게 존경과 사랑의 마음으로 서로 섬겨야 하는지 배웁니다. 십계명을 현대적인 언어로 번역해 오늘날 우리에게 하시는 하나님의 말씀으로 듣고 적용할 수 있도록 돕습니다.

목표

- 십계명의 후반부 내용을 이해하고, 이웃을 사랑하고 섬기는 삶은 어떤 것인지 배웁니다.
- 타인의 권리와 명예를 보호하고 존중한다는 것은 어떤 것인지, 이를 위해 어떤 노력을 해야 하는지 이야기합니다.

묵상하기

부모님을 공경하라는 하나님의 계명을 지키기 힘들어하는 분들이 많습니다. 나에게 큰 상처와 아픔을 준 부모님을 어떻게 공경할 수 있을까요?

- **부모님에게 크게 실망하거나 상처 받은 일이 있다면 나눠봅시다.**
- **소그룹 구성원에게 우리 부모님을 자랑해 봅시다. 부모님의 어떤 부분이 감사하고 고마웠는지 이야기해 봅시다.**

관찰하기

❶ 예수님께서 가르치신 계명의 두 번째 부분은 이웃 사랑에 관한 내용입니다. 믿음으로는 하나님만 섬기고, 행위로는 사람을 섬기는 것이 하나님의 계명입니다.

"둘째도 그와 같으니 네 이웃을 네 자신 같이 사랑하라 하셨으니 이 두 계명이 온 율법과 선지자의 강령이니라" (마 22:39~40)

제4계명: 네 부모를 공경하라 그리하면 네 하나님 여호와가 네게 준 땅에서 네 생명이 길리라

제5계명: 살인하지 말라

제6계명: 간음하지 말라

제7계명: 도둑질하지 말라

제8계명: 네 이웃에게 대하여 거짓 증거하지 말라

제9계명: 네 이웃의 집을 탐내지 말라

제10계명: 네 이웃의 아내나 그의 남종이나 그의 여종이나 그의 소나 그의 나귀나 무릇 네 이웃의 소유를 탐내지 말라

❷ 하나님은 부모를 단순히 사랑하라고 하지 않고 "공경하라"고 명하십니다. 공경하라는 말에는 겸손과 존경의 마음이 들어있습니다.

하나님은 이 땅에 자신의 대리자로 부모님을 세우셨습니다. 부모가 아무리 힘없고 보잘것없다 하더라도 하나님이 선물로 주신 분들임을 기억하고 공경해야 합니다. 자녀는 부모를 공경하고, 부모는 사랑으로 자녀를 잘 양육해야 합니다. 하지만 오늘날 많은 사람이 부모님과의 관계가 원만하지 않습니다. 부모님과 대화하기도 힘들어합니다. 어떻게 하면 부모님과 원활하게 소통할 수 있을까요?

하나님은 우리에게 육신의 부모를 주신 것처럼 세상 정부도 주셨습니다. 하나님은 이들을 통해 삶의 안전과 터전을 보호해주십니다. 우리가 부모님과 정부 지도자에게 순종하는 이유는 그들의 인격이나 도덕성 때문이 아니라 하나님께서 그들에게 직무와 책임을 허락하셨기 때문입니다.

❸ **제5계명부터 마지막 계명까지는 구체적으로 이웃과 어떤 관계를 맺으며 살아야 하는지에 대해서 언급합니다. 각 계명을 통해 하나님께서 원하시는 삶의 모습을 알아봅시다.** (더 자세한 내용은 마르틴 루터의 『대교리문답』을 참고하세요)

ㅁ 제5계명: 살인하지 말라

이 계명은 이웃을 보호하는 장벽입니다. 하나님은 이웃에게 악으로 보복하려는 것을 금지합니다. 더 나아가 이 계명은 이웃에게 선을 행하지 않아 고통과 피해를 입게 되는 것까지 포함됩니다.

ㅁ 제6계명: 간음하지 말라

이 계명은 육체적 간음뿐 아니라 모든 정결치 못한 말과 행위, 생각까지 금하라는 명령입니다. 부부는 하나님이 세우신 거룩한 지위입니다.

ㅁ 제7계명: 도둑질하지 말라

지갑을 훔치는 자만 도둑이 아니라, 이웃을 속여 이익을 도모하는 자 또한 도둑입니다. 이 계명의 요구는 이웃의 소유와 재화를 보호하고 촉진하라는 의미입니다.

□ 제8계명: 네 이웃에 대하여 거짓 증거하지 말라

하나님은 이웃과의 관계에서 명예와 평판이 손상되는 것을 바라지 않으십니다. 이 계명은 이웃의 권리를 지키고 보호해야 한다는 의미입니다.

□ 제9, 10계명: 네 이웃의 집을 탐내지 말라, 네 이웃의 소유를 탐내지 말라

이 계명은 7계명과 달리 합법을 핑계로 이웃의 재산을 빼앗는 행위를 금합니다. 이 두 계명은 질투와 소유욕으로 이름 붙여진 모든 악을 근절합니다.

실천하기

제5계명부터 제10계명까지는 '~하지 말라'라는 부정명령으로 주어졌습니다. 이 명령을 오늘날의 상황에 맞게 긍정문으로 바꾸면 어떻게 될까요? 아래 예를 참고해서 나만의 새로운 계명을 작성해 봅시다.

살인하지 말라 ···› ______________________________

예) 나를 괴롭히는 원수를 위해 기도하고 부드러운 마음을 가지라.

간음하지 말라 ···› ______________________________

예) 아내를 존중하고 그녀의 명예를 지켜주라.

도둑질 하지 말라 ···▸ ______________________________

예) 다른 사람의 권리를 보호하고, 가난한 자를 돌보라.

네 이웃에게 대하여 거짓 증거하지 말라

···▸ ______________________________

예) 모든 사건을 정직하고 공평하게 다루라.

네 이웃의 집을 탐내지 말라, 네 이웃의 소유를 탐내지 말라

···▸ ______________________________

예) 이웃에게 선을 베풀고, 이웃의 유익을 위해 일하라.

기도하기

주님, 넘치는 은총을 베푸시어
우리 모두 더불어 친구 되어
서로에게 부드럽고 너른 마음을 갖게 하소서.
서로를 진심으로 용서하며 서로의 잘못과 부족함을
그리스도의 마음과 형제애로 감당하게 하소서.
이 계명이 가르치고 요구하는 대로,
올바른 평화와 조화를 추구하며 살게 하소서.
아멘.

마르틴 루터, pp. 59-60.

제3과

하늘과 땅의 하나님:

사도신조 1

인도자 가이드

3과에서는 창조주 하나님을 공부합니다. 하나님은 모든 만물의 창조주이자 통치자이며, 지금도 온 세상을 붙드시고 보존하시는 분입니다. 창조주 하나님은 동시에 우리와 함께하시는 임마누엘의 하나님입니다. 성경은 우리에게 하나님만을 예배하며 하나님의 뜻에 따라 살 것을 명령하고 있습니다. 우리가 믿고 고백하는 신조의 뜻을 잘 깨달아 알고 그 의미를 배우고 익히도록 합니다.

목표

- 하나님은 어떤 분인지, 그분이 하신 일은 무엇인지 배웁니다.
- 우리가 하나님께 받은 것은 무엇이며, 우리가 책임져야 할 부분은 무엇인지 배웁니다.

묵상하기

홍순관의 "쌀 한 톨의 무게"를 듣고 가사의 뜻을 음미해봅시다.

쌀 한 톨의 무게는 얼마나 될까
내 손바닥에 올려놓고 무게를 잰다
바람과 천둥과 비와 햇살과 외로운 별 빛도 그 안에 스몄네
농부의 새벽도 그 안에 숨었네 나락 한 알 속에 우주가 들었네
버려진 쌀 한 톨 우주의 무게를 쌀 한 톨의 무게를 재어본다
세상의 노래가 그 안에 울리네

쌀 한 톨의 무게는 생명의 무게
쌀 한 톨의 무게는 평화의 무게
쌀 한 톨의 무게는 농부의 무게
쌀 한 톨의 무게는 세월의 무게
쌀 한 톨의 무게는 우주의 무게

평범한 쌀 한 톨과 빵 한 조각이 우리의 밥상에 오기까지 수많은 사람들의 수고와 노력이 그 안에 깃들어 있습니다. 하지만 무엇보다 흙과 바람과 물을 공급하신 분은 바로 하나님입니다. 모든 생명, 모든 존재는 선물이자 기적입니다.

❶ 창세기 1:1에는 "태초에 하나님이 천지를 창조"했다고 말합니다. 그리고 사도신조는 "전능하사 천지를 만드신 하나님 아버지를 믿사오며"라고 시작합니다.

생명의 기원과 우주의 시작은 과학으로 설명할 수 없는 신앙과 신념의 영역입니다. 하나님을 모르는 이들은 우주가 우연히 시작됐다고 말하지만, 그리스도인들은 하나님께서 태초에 천지를 창조했다고 믿습니다. 하나님께서 "천지"를 창조했다는 말은 단순히 하늘과 땅을 만들었다는 의미가 아니라 눈에 보이는 것과 보이지 않는 모든 것을 창조했다는 의미입니다.

삶을 '우연'으로 생각하는 사람과 '선물'로 생각하는 사람의 삶의 태도는 다를 수밖에 없습니다. 우리의 삶은 모든 것이 선물입니다. 우리는 누군가 차려 놓은 밥상에 숟가락을 얹었을 뿐입니다. 우리를 위해 밥상을 미리 차려놓은 분은 누구일까요?

❷ 사도신조는 우리를 만드신 하나님을 '우리 아버지'로 고백합니다. 하나님은 천지의 창조자이자 우리 아버지입니다.

하나님은 이 모든 창조세계를 '나를 위해' 그리고 '우리를 위해' 만들었습니다. 그분은 우리에게 늘 좋은 것을 주기 원하는 자비하신 아버지입니다.

여러분이 생각하고 있는 하나님의 이미지에 관해 이야기 해봅시다. 하나님은 어떤 분인가요? 다음 성경 말씀을 찾아서 하나님은 어떤 성품을 가졌는지 이야기해 봅시다.(출 34:6, 시 145:8, 욘 4:2)

❸ 루터는 소교리문답에서 하나님은 "몸과 영혼에 필요한 것을 항상 풍족하게 주십니다. 위험한 자리에서 나를 지키시고, 불행 중에서 보호하시며 건져주십니다"라고 고백합니다.

하나님은 지금도 모든 창조물을 우리에게 주시고, 우리를 위해 그것을 보존하고 보호하는 분입니다. 그분은 '우리와 함께 하는' 임마누엘의 하나님입니다. 지금도 우리 곁에서 우리의 간구에 귀를 기울이는 분입니다.

우리가 누리고 있는 것과 가지고 있는 모든 것은 하나님에게서 온 것입니다. 그러므로 우리는 하나님이 주신 것에 대해 책임을 가져야 합니다.

실천하기

- **모든 사람은 자기만의 신을 섬기고 있습니다. 하나님 외에 내가 섬기는 신은 어떤 것이 있는지 적어봅시다. 어떻게 하면 우상숭배를 하지 않고 하나님만 의지하고 섬길 수 있는지 이야기해 봅시다.**

- **하나님은 다양한 성품(속성)을 가지고 있습니다. 내가 만난 하나님은 어떤 분인가요? 내가 믿고 고백하는 하나님을 이야기해 봅시다.**

- **하나님은 인간을 만들기 전에 자연과 식물과 동물을 먼저 창조하셨습니다. 그리고 하나님은 인간을 자연의 청지기로 세우셨습니다. 하지만 지금 우리는 심각한 환경파괴와 기후위기 속에서 살아가고 있습니다. 어떻게 하면 후속 세대에게 하나님이 주신 아름다운 자연을 물려줄 수 있을지 이야기해 봅시다.**

기도하기

전능하신 주님,
당신은 가련한 사람의 탄식을 외면치 않으시며,
시련 가운데 놓인 사람의 소원을 가볍게 보지 않으십니다.
당신께 기도하오니, 은혜 가운데 우리의 기도를 들어주소서.
그리하여 우리를 대적하는 모든 마귀와 악한 무리가
당신의 선하신 섭리 가운데 무너지고 먼지 되어 흩어지게 하소서.
또한, 우리가 모든 유혹에서 해를 입지 않고
당신의 교회에서 감사드리며 늘 찬양케 하소서.
당신의 아들 우리 주 예수 그리스도의 이름으로 기도합니다.
아멘.

마르틴 루터, p. 211.

제4과

십자가에 달리신 예수님:
사도신조 2

인도자 가이드

4과에서는 예수님이 이 땅에 오셔서 하신 일과 그 의미를 공부합니다. 우리를 위해 이 땅에 오신 예수 그리스도가 어떤 일을 하셨고, 누구를 위해 십자가에 달리셨는지 살펴봅니다. 십자가의 의미가 무엇인지 알려주고, 매일의 삶에서 우리는 어떻게 십자가의 제자도를 실천할 수 있는지 설명해 줍니다.

목표

- 예수님은 어떤 분인지, 그분이 하신 일은 무엇인지 배웁니다.
- 우리가 예수님께 받은 것은 무엇이며, 우리는 어떤 삶을 살아야 하는지 배웁니다.

묵상하기

이 그림은 르네상스 시기 네덜란드 화가 히에로니무스 보쉬의 〈십자가를 진 그리스도〉입니다. 이 그림에 등장하는 인물들의 다양한 표정과 십자가를 묵묵히 지고 가는 그리스도의 얼굴을 잘 살펴봅시다. 인간의 악독함, 교만, 분노, 질투, 시기, 탐식이 드러난 얼굴과 평온하게 십자가를 지고 가는 예수의 얼굴이 극명하게 대비되고 있습니다. 과연 예수님은 누구를 위해, 왜 십자가를 지셔야만 했을까요?

관찰하기

❶ 하나님은 세상을 너무나 사랑하셔서 그의 아들 독생자 예수를 이 땅에 보내주셨습니다. 요한복음 3:16-17을 읽고 하나님의 사랑이 어떻게 드러나는지 이야기해 봅시다.

“하나님이 세상을 이처럼 사랑하사 독생자를 주셨으니 이는 그를 믿는 자마다 멸망하지 않고 영생을 얻게 하려 하심이라 하나님이 그 아들을 세상에 보내신 것은 세상을 심판하려 하심이 아니요 그로 말미암아 세상이 구원을 받게 하려 하심이라”

우리를 향한 하나님의 계획은 심판이 아니라 구원입니다. 예수 그리스도를 믿고 따르는 자는 누구든지 구원을 받습니다. 우리를 향한 하나님의 사랑은 자기 아들을 내어준 십자가에서 가장 분명하게 드러납니다.

❷ 마가복음 10:45을 읽고 예수님이 이 땅에 오신 목적을 이야기해 봅시다.

“인자가 온 것은 섬김을 받으려 함이 아니라 도리어 섬기려 하고 자기 목숨을 많은 사람의 대속물로 주려 함이니라”

예수님은 이 땅에 오셔서 천국 복음을 선포하고, 병든 자를 고치고, 죽은 자를 살리며, 귀신을 쫓아내셨습니다. 이 모든 사역은 하나님의 사랑을 구체적으로 보여주신 증거입니다. 하지만 예수님은 인간의 근원적인 죄의 문제를 해결하기 위해 이 땅에 오셨습니다.

❸ 루터는 소교리문답에서 "예수 그리스도는 나와 모든 잃은 자와 심판받을 모든 창조물들의 죄를 대신 받으셨으며, 죄와 사망과 마귀의 권세 가운데서 나를 건져 주셨으니 이는 금이나 은으로 산 것이 아니라 그 분의 거룩하고 귀한 보혈과 죄 없이 받으신 고난과 죽음으로 하셨습니다."라고 말합니다.

인간의 구원은 신비로운 교환 가운데 일어납니다. 하나님은 인간이 져야 할 책임을 그리스도께서 대신 지도록 하고, 그를 죄인과 동일시하셨습니다. 다른 한편 그리스도가 이룬 죄로부터의 자유는 인간에게 전가되었습니다. 하나님이 인간에게 베푼 자비는 '오직 그리스도만으로'(*solus Christus*) 말미암은 것입니다.

예수님은 제자들에게 "사람이 친구를 위하여 자기 목숨을 버리면 이보다 더 큰 사랑이 없나니너희는 내가 명하는 대로 행하면 곧 나의 친구라"라고 말씀하셨습니다(요 15:13-14). 예수님은 우리를 위해 자신의 목숨을 내어주신 진짜 친구입니다. 누군가의 죽음과 희생으로 새로운 생명을 얻게 되면 어떤 삶을 살게 될까요? 여러분은 예수님의 진정한 친구인가요? 그렇다면 어떤 삶을 살아야 할까요?

실천하기

- 예수 그리스도는 십자가에서 돌아가심으로 여러분을 섬겼습니다. 이제 우리는 다른 이들을 섬기는 삶으로 부름받았습니다. 우리가 섬겨야 할 대상은 누구인가요? 어떤 방식으로 그를 섬길 수 있을까요?

- 깊은 슬픔과 아픔을 겪고 있는 성도들에게 어떻게 위로의 말을 전할 수 있을까요? 어떻게 그들을 섬기고 도와줄 수 있을지 이야기해 봅시다.

- '예수라면 어떻게 하셨을까?'(What Would Jesus Do?)라는 질문을 매 순간 스스로 던져봅시다. 예수님이 지금 우리가 사는 세상에 다시 오신다면, 어떤 사람을 만날까요? 어떤 일을 하시고, 어떤 메시지를 선포할까요?

기도하기

자비롭고 영원하신 주님,
당신은 우리 죄를 대신하여 당신의 아들을 십자가에 내어주기까지
우리에게 아낌없이 주시는 분입니다.
우리에게 이 믿음을 주시어
어떤 일에도 두려워하거나 낙망하지 않게 하소서.
당신의 아들 예수 그리스도의 이름으로 기도합니다.
아멘.

마르틴 루터, p. 200.

제5과

창조와 생명의 성령님:

사도신조 3

인도자 가이드

5과에서는 사도신조 속에서 우리가 고백하는 성령님이 어떤 분이고, 그분의 사역이 무엇인지 살펴봅니다. 성령님은 예수 그리스도의 사역을 나에게 구체적으로 적용하는 분으로 삼위일체 하나님이자 지금도 우리와 함께하는 분입니다. 성령님에 대한 그릇된 오해와 이해를 교정하고, 그분과 동행하는 삶이란 무엇인지 함께 알아보도록 하겠습니다.

목표

- 성령님은 어떤 분인지, 그분이 하신 일은 무엇인지 배웁니다.
- 성령님은 오늘날 어떻게 역사하시며, 어떻게 성령님과 동행하는 삶을 살 수 있는지 배웁니다.

묵상하기

영화 〈오두막〉(The Shack, 2016)을 인터넷영화 티켓 구매로 감상해보거나, QR코드를 통해 영화 프리뷰에 대한 내용만이라도 감상해보십시오. 영화 속에서 성령님은 어떤 인물의 모습으로, 어떻게 묘사됩니까?

영화 속에서 성령님은 주인공 맥과 동행하는 사라유라는 여성 인물로 묘사됩니다. 그분은 우리의 상처 난 마음을 싸매시는 분입니다. 영화에는 맥이 사라유(성령)와 함께 정원을 가꾸는 장면이 나오는데, 아름다운 꽃과 잡초들이 규칙 없이 피어있는 그곳을 사라유는 "맥의 마음의 정원"이라고 알려줍니다. 맥과 사라유는 이곳에서 잡초를 뽑아내고 새로운 씨앗을 심을 준비를 합니다. 진정한 치유는 쓴 뿌리를 걷어내는 데서부터 시작됩니다. 때론 그 순간이 고통스럽게 느껴질 수도 있지만, 이 시간을 거쳐야 진정한 치유를 맛볼 수 있습니다. 성령은 우리 안에 거하시는 하나님의 영으로 우리를 예수님에 대한 믿음으로, 그리고 믿음 가운데 변화될 하나님 나라의 백성으로 인도합니다.

관찰하기

❶ 한국교회에서 성령님은 여러 가지 왜곡된 모습으로 표현됩니다. 기적을 일으키는 물건이나 도구쯤으로 취급되기도 합니다.

그러나 성령님은 우리가 임의로 조작하거나 다룰 수 있는 분이 아닙니다. 성령님은 삼위일체 하나님의 한 위격으로 마땅히 경배와 찬양을 받아야 할 분입니다. 평소 여러분이 가지고 있던 성령님의 이미지에 관해 이야기해 봅시다.

성령님은 태초부터 하나님께 함께 하시며, 하나님의 창조사역에 동참하셨고, 지금도 생명의 영으로 모든 창조세계 안에 충만하게 임재하셔서 생명을 지탱하는 분입니다.

❷ 루터는 소교리문답에서 성령님이 하시는 일을 이렇게 설명합니다. "성령께서 복음을 통하여 나를 부르셨고 그분의 은총으로써 깨닫게 하였으며, 거룩하게 하여 참 신앙 중에 나를 지키심을 믿습니다."

하나님의 사랑과 예수 그리스도를 통한 대속의 은혜가 현재 나를 위한 것임을 어떻게 알 수 있을까요? 어떻게 확증할 수 있을까요? 우리가 가진 이성의 힘으로는 주 예수 그리스도를 구주로 믿을 수 없습니다. 오직 성령님만이 우리를 그분에게로 인도해 줍니다. 고린도전서 6:11과 12:3을 읽고, 성령님이 하시는 일에 관해 이야기해 봅시다.

성령님은 우선 하나님의 은혜의 수단(Means of Grace)인 말씀선포와 성례(세례와 성찬)를 통해 우리 가운데 임하시고, 신자들의 마음속에 믿음을 불러일으키는 방식으로 역사합니다. 그러나 성령님은 우리의 예상과 사역의 틀에 가둬둘 수 없는 주권과 자유를 가진 분입니다(요 3:8). 그분은 진리의 영으로 하나님이 하시는 모든 선교 사역 가운데 역사하시고(요 14:17), 창조와 생명의 영으로 하나님의 모든 창조 사역과 구속 사역에 함께하시는 분입니다.

❸ 성령님은 또한 이 땅에 교회를 태동시키신 분입니다(행 2:1-2). 오순절 성령강림을 통해 이 땅에 진정한 그리스도의 교회가 탄생했습니다.

성령님을 통해 탄생한 그리스도의 교회는 세상에 존재하는 모든 차별과 분열을 극복하고 참된 성도의 교제를 만들어냅니다. 갈라디아서 3:28을 읽고 초대교회의 모습을 상상해 봅시다.

❹ 성령님은 예수를 죽은 사람들 가운데 살리신 부활의 영으로(롬 8:11) 언젠가 죽을 우리 몸도 다시 살아나 부활에 동참하게 하십니다.

성령님은 새창조와 부활의 첫 열매로 우리 안에 거하시며, 하나님이 이루실 새창조의 나라, 하나님 나라의 완성을 고대하고 소망하게 만듭니다(롬 8:23-25).

실천하기

- 성령님의 새로운 모습에 대해 무엇을 배웠는지 나눠봅시다. 각자 A4용지에 새롭게 배운 성령님의 이미지를 그려보고 함께 이야기해 봅시다.
- 성령님은 우리의 인격과 삶을 변화시키는 영입니다. 갈라디아서 5:22-23에 나오는 성령의 열매 중 나에게 필요한 열매는 무엇인지 이야기해 봅시다. "오직 성령의 열매는 사랑과 희락과 화평과 오래 참음과 자비와 양선과 충성과 온유와 절제니"

기도하기

사랑하는 아버지,
당신은 오늘 성령을 통해
당신의 신실한 백성의 마음을 열고 가르치십니다.
간절히 기도하오니, 저희가 성령을 통해 바르게 깨닫게 하시고,
기쁜 마음으로 그분이 주시는 위로와 능력 안에 거하게 하소서.
당신의 아들 예수 그리스도의 이름으로 기도합니다.
아멘.

마르틴 루터, p. 204.

제6과

지금 이곳에서 하나님 나라:
주기도

인도자 가이드

6과에서는 예수님이 가르쳐주신 주기도에 대해서 공부합니다. 주기도에는 기도의 모범뿐 아니라 하나님 나라의 복음이 압축적으로 담겨 있습니다. 예수님이 이 땅에서 행하신 사역과 하나님 나라의 복음에 관해 이야기하고, 그리스도인은 어떻게 하나님 나라의 백성으로 살 수 있는지 살펴봅니다.

목표

- 주기도를 통해 예수님이 선포한 메시지의 핵심을 파악합니다.
- 하나님 나라는 우리가 살아가고 있는 현실 세계에서 이루어진다는 사실을 배웁니다.

묵상하기

이 그림은 16세기 네덜란드의 화가 브뢰헬의 대표작 〈농민의 결혼식〉입니다. 이 그림과 하나님 나라는 어떤 관계가 있을까요? QR코드로 작품 해설을 듣고 하나님 나라에 대해 생각해 봅시다.

관찰하기

❶ 주기도는 다음과 같이 서언과 일곱 개의 기원 그리고 마지막 기원으로 구성되었습니다.

서언	하늘에 계신 우리 아버지여
하나님의 이름	이름이 거룩히 여김을 받으시오며
하나님의 나라	나라가 임하시오며

하나님의 뜻	뜻이 하늘에서 이루어진 것같이 땅에서도 이루어지이다.
일용할 양식	오늘 우리에게 일용할 양식을 주시옵고
죄의 문제	우리가 우리에게 죄지은 자를 사하여 준 것같이 우리의 죄를 사하여 주시옵고
유혹의 문제	우리를 시험에 들게 하지 마시옵고
구원의 문제	다만 악에서 구하시옵소서.

기원	나라와 권세와 영광이 아버지께 영원히 있사옵나이다. 아멘.

주기도는 다시 전반부(첫째~셋째 기원)와 후반부(넷째~일곱째 기원)로 나눌 수 있습니다. 전반부와 후반부의 핵심 내용과 주제는 무엇인지 이야기해 봅시다.

주기도를 통해 우리는 지금 여기, 오늘 이곳, 현재 처한 환경에서 하나님의 나라가 임하기를 기도합니다. 주기도는 우리의 삶이 그분의 권능과 빛으로 채워지기를 기도하고, 악에 사로잡혀 있는 이 세계가 그 빛을 받아들이기를 기도하며, 그분의 나라를 우리가 사는 세상에 채우기를 기도합니다.

❷ 루터는 대교리문답에서 "나라가 임하시오며"를 해설하면서 이렇게 말합니다. "이것은 우리 한가운데 그리고 우리 곁에 하나님 나라의 능력이 나타나도록 해달라는 뜻이며, 바로 우리가 그분의 이름이 거룩해지는 그 나라의 한 부분이 되기를 바란다는 의미입니다."

하나님 나라는 저 먼 곳에 있는 추상적인 공간이 아니라 지금 여기에서 이루어지는 나라입니다. 주기도에서 말하는 하나님 나라는 하늘에 관심이 있지 않고, 오히려 땅에 관심이 많습니다. 우리가 사는 세상, 우리와 함께 살아가는 사람들, 그리고 우리가 이 땅에서 어떻게 살아야 하는지를 말하고 있기 때문입니다.

하나님 나라를 소망하며 살아가는 그리스도인은 어떻게 살아야 할까요? 하나님께서 창조하신 이 창조세계를 잘 보존하고, 하나님의 평화를 전하는 대리인으로 살아가야 합니다. 이 세상의 모든 문명과 삶과 인간관계는 새롭게 회복될 하나님의 세상이기 때문입니다.

❸ 주기도의 후반부 기원에는 예수님께서 이 땅에서 행하셨던 사역을 핵심적으로 요약하고 있습니다. 하나님 나라를 소망하며 살아가는 그리스도인은 구체적으로 어떤 행동을 하며, 어떤 방식으로 살아가야 할지 이야기해 봅시다.

복음서에서 예수님은 죄인들과 함께 식사하고, 그들의 죄를 용서해주고, 새로운 비전을 제시해주십니다. 누가복음 19:1-10을 함께 읽고, 예수님과 삭개오의 만남을 통해 무엇이 어떻게 변화되었는지 이야기해 봅시다.

토론하기

- 하나님 아버지는 우리가 구하기도 전에 이미 우리의 필요를 아시고 채워주신다고 합니다(마 6:7–8). 그럼에도 우리는 왜 기도해야 할까요?

- 우리는 어떻게 하나님의 뜻을 발견할 수 있을까요? 하나님의 뜻과 내 뜻과 마귀의 뜻을 어떻게 분별할 수 있을까요?

- 우리에게 주신 일용할 양식에 대해 불평을 하거나 혹은 낭비해 버리기 쉽습니다. 우리는 어떻게 만족하는 삶을 살 수 있을까요? 어떻게 하면 우리의 식탁을 더욱 은혜롭고 의미 있게 만들 수 있을까요?

- '죄는 미워하되 사람은 용서하라'는 말에 대해서 어떻게 생각하시나요? 혹은 '용서는 할 수 있다. 그러나 잊을 수는 없다'라는 말은 어떻게 생각하시나요?

주님, 당신의 나라 모든 곳에 평화를 주소서.

모든 백성에게 건강과 평화를 주소서.

주님, 당신은 우리에게 거룩한 소망을 일깨우며,

유익한 권고를 주고, 의로운 행동을 하게 만드는

하늘 아버지이십니다.

당신의 종들에게 세상이 줄 수 없는 평화를 주소서.

그리하여 우리의 마음이 당신의 명령에 견고히 붙어있게 하소서.

원수의 위협에서 안전히 보호하여 주시고, 평안히 지내게 하소서.

당신의 아들 우리 주 예수 그리스도의 이름으로 기도합니다.

아멘.

마르틴 루터, p. 209.

제7과

순례자의 첫 걸음:
세례

인도자 가이드

7과는 세례를 통해 하나님께서 예수 그리스도 안에서 당신과 맺은 복음의 약속을 기억하고, 그것이 일상 속 모든 사역의 근거가 된다는 것을 가르칩니다. 세례는 기쁠 때나 슬플 때, 삶의 모든 순간에서 우리가 진짜 누구인지를 알려 줍니다. 예수 그리스도 안에 계신 하나님은 성령의 능력으로 죄를 용서하고, 모든 악에서 구원하시며, 영원한 삶이라는 선물을 우리에게 주셨습니다.

목표

- 세례의 눈으로 자신의 핵심 정체성을 바라보도록 격려합니다.
- 세례는 그리스도께서 주신 선물임을 알게 합니다.

묵상하기

윤동주 시인의 "별 헤는 밤"을 인터넷에서 찾아서 함께 읽어보고 느낀 점을 이야기해봅시다. 그리고 이 시에서 등장하는 '이름'의 의미가 무엇인지 아래 강의를 듣고 생각해 봅시다.

관찰하기

❶ 이사야 43:1은 "내가 네 이름을 불렀으니 너는 내 것이다"라고 말합니다. 세례를 통해 우리는 새로운 이름을 부여받습니다.

당신이 태어났을 때 이름이 지어졌습니다. 하지만 세례에서 당신은 새로운 이름을 받았습니다. 하나님은 여러분에게 영원히 간직할 새로운 이름, 하나님의 자녀라는 이름을 주셨습니다. 하나님이 당신을 창조하셨고 예수님은 당신을 사랑하십니다! 이것이 여러분의 핵심 정체성입니다.

당신의 이름을 다른 이들에게 소개해주세요. 당신의 이름에는 어떤 뜻이 담겨 있나요? 우리는 자신의 이름 뜻에 맞게 살고 있나요? 당신이 세례에서 하나님의 자녀라는 이름을 받았을 때, 즉 당신의 이름보다 더 중요한 새로운 이름을 받았다는 것을 들었을 때, 어떤 기분이 드나요?

❷ 루터는 소교리문답에서 "물세례의 의미는 무엇인가?"라고 묻습니다. 이 질문에 루터는 "모든 죄와 악한 욕망을 가진 우리 옛 자아는 죄에 대한 통회와 회개를 통해 물 속에 잠겨 죽고, 매일 새로운 자아가 물로부터 나와 의와 순결함으로 하나님 앞에 영원히 살아나야 한다"고 대답합니다.

예수 그리스도 안에 계신 하나님은 세례를 통해 우리를 용서하고, 악으로부터 구원하시며, 영원한 생명을 주셨습니다. 여러분은 하나님께서 세례 때 세우신 언약 안에서 날마다 살도록 부르심을 받았고, 하나님의 약속을 신뢰하며 살아가야 합니다.

"나는 하나님의 신실한 백성들과 함께 살아갑니다.
나는 하나님의 말씀을 듣고 주님의 만찬을 나누겠습니다.
나는 말씀과 행함으로 그리스도 안에서 하나님의 복음을 선포하고, 예수님의 본을 따라 모든 백성을 섬기며, 온 세상의 정의와 평화를 위해 분투할 것입니다." - Lutheran Book of Worship, p.201

언약은 "협정, 서약 혹은 약속"을 의미합니다. 좋은 소식이란 하나님의 피조물인 우리가 하나님의 사랑받는 자녀로 살아가는 것을 방해하는 모든 것으로부터 자유케 되는 것을 의미합니다. 좋은 소식이란 또한 다른 사람을 돕기 위한 자유를 의미합니다. 우리의 사역은 다른 이들을 우리의 이웃으로 섬기는 것을 의미합니다.

토론하기

- 여러분은 언제 어디서 누구의 집례로 세례를 받았나요? 세례받았을 때의 기분과 느낌에 관해 이야기해 봅시다.

- 세례는 일생에 단 한 번 받는 것이기 때문에 시간이 지나면 그 의미가 퇴색되어 버리거나 쉽게 잊히기 쉽습니다. 어떻게 하면 세례의 감격과 은혜를 매일의 삶에서 재현할 수 있을까요?

- 함께 신앙생활을 하는 성도 중 한 명이 "난 내가 천국에 갈 수 있을지 확신할 수가 없어"라고 말했다면 뭐라고 말해 주시겠습니까? 우리가 세례의 언약대로 살아가기 위해 왜 성령의 도움이 필요할까요?

기도하기

진리의 빛으로 오신 주님,

당신은 거룩하고 영원하며 전능하신 아버지이십니다.

간구하오니 당신의 영원한 생명과

선하신 자비를 당신의 자녀에게 베풀어 주소서.

세례를 통해 빛으로 깨우쳐

순전하고 바르고 거룩한 삶을 살게 하소서.

당신께서 주시는 굳건한 소명과 바른 권면,

거룩한 가르침을 붙잡고 살게 하소서.

그리하여 당신께서 주시는 이 세례가 참으로 은혜 되게 하소서.

우리 주 예수 그리스도의 이름으로 기도합니다.

아멘.

마르틴 루터, p. 189.

제8과

차별 없는 주님의 식탁으로의 초대:

성찬

인도자 가이드

8과는 오늘날에도 예수 그리스도는 성찬을 통해 우리 가운데 임재하시고, 우리를 하나님 나라의 공동체로 세우신다는 사실을 배웁니다. 성찬은 예수 그리스도께서 직접 제정하신 성례전으로 하나님 자신이 우리 가운데 일하시는 은총의 방편입니다. 지금도 예수 그리스도는 성찬을 통해 몸과 피로 우리 가운데 임하시며, 우리의 믿음을 새롭게 창조하시고, 그 믿음을 강하게 하십니다. 8과 내용을 통해 우리가 매주 예배 속에서 드리는 성찬에 대해 좀 더 심도 있게 학습해보도록 하겠습니다.

목표

- 성찬의 참된 의미와 목적을 배웁니다.
- 성찬이 오늘날 성도들의 삶 속에서 그리고 교회 공동체 가운데 어떤 실천을 일깨워주는지 배웁니다.

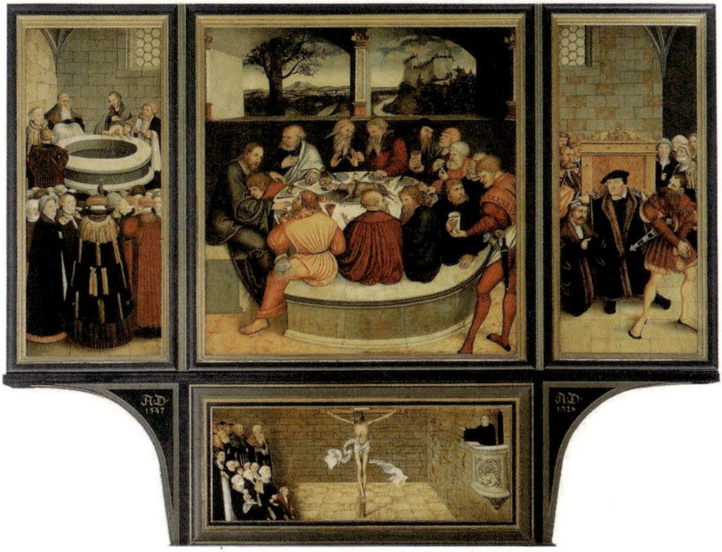

종교개혁 시대(16세기)에 활동한 루카스 크라나흐의 '비텐베르크 성모 시(市)교회 제단화'를 감상해봅시다. 이 시대 성찬식 그림은 사각형 테이블이 등장할 때가 많지만, 크라나흐는 원탁을 사용합니다. 원탁은 평등과 소통의 상징입니다. 크라나흐는 종교개혁 신학이 가르치는 만인사제직을 이런 식으로 표현합니다. 또 탁자의 한복판에 어린양은 죽임당한 예수님을 상징합니다. 즉 예수님을 중심으로 성찬에 참여하는 모든 성도는 차별 없이 평등한 제사장으로 초대받았다는 종교개혁 사상을 보여줍니다. 크라나흐의 그림을 보면서 성찬에 대해 어떤 생각을 하게 되었는지 나눠봅시다.

❶ 루터에게 복음은 성찬 제정의 말씀 가운데 하나의 짧은 문장으로 요약할 수 있습니다. "이것은 너희의 유익을 위해 주어진 것이다."

우리가 성찬에 참여할 때 예수 그리스도와 참된 연합(교제)이 이뤄집니다. 그리스도와의 연합 속에서 우리에게 죄 용서와 영생의 보증이 주어집니다.

성찬을 통해 그리스도는 우리에게 직접 오시며, 우리는 그것을 그저 받기만 하면 됩니다. 즉 성찬은 일차적으로 전적인 은혜(*sola gratia*)에 의해 이루어지며, 우리는 이 성찬이 죄사함을 위해 주신 것임을 믿음으로 받아들이면 됩니다(*sola fide*).

❷ 성찬은 성도 개인이 그리스도와 누리는 교제뿐 아니라, 성도 간의 교제를 실현합니다. 그리스도의 몸을 받음으로써 교회는 한몸이 되고, 어느 시대든 어느 곳이든 성찬에 참여하는 모든 성도는 서로 하나가 됩니다.

성찬에 참여하는 모든 성도는 하나님께 부름 받은 평등한 제사장이기에 서로 계급을 나누고 차별하는 일이 없어야 합니다.

❸ 예수님은 성찬 제정의 말씀을 하시며, 성찬을 통해 도래하는 하나님 나라를 미리 내다보고 기대하셨습니다(마 26:29).

성경에서 하나님 나라는 모든 창조세계의 회복을 내다보고 소망합니다(롬 8:21, 계 21:1 등). 따라서 우리는 성찬에 참여하면서 고통받고 탄식하는 창조세계가 온전히 회복되고 하나님 나라가 이 땅 가운데 온전히 임하기를 기도해야 합니다.

토론하기

- 예수님께서 잡히시기 전 마지막으로 제자들과 성만찬을 나누던 그곳에 우리도 함께 있었다고 상상해 봅시다. 예수님과 함께 빵과 포도주를 나눠 먹는다는 것은 어떤 의미일까요?

- 성찬은 성도 간의 교제를 촉진하고, 교회 안의 모든 차별과 분열을 없앤다고 했습니다. 돌아오는 주일 예배에서 식탁 교제를 나눌 때, 그동안 인사를 나누지 못했던 분들이나 관계가 서먹했던 분들과 같이 밥을 먹으면 어떨까요?

- 성찬에 참여하며 우리는 하나님 나라의 도래와 모든 창조세계의 회복을 내다보고 소망합니다. 오늘날 기후위기, 생태위기의 상황 속에서 성찬이 우리에게 주는 메시지는 무엇일까요?

기도하기

오, 사랑의 주님.

당신께서는 성찬을 통해

당신의 수난을 기념하고 선포하라 명령하셨습니다.

또한 당신의 살과 피를 우리에게 주시며

이것을 누리게 하셨습니다.

간절히 기도하오니,

우리에게 주신 당신의 구원을 깊이 깨달아

일상에서 풍성히 열매 맺게 하소서. 아멘.

마르틴 루터, p. 207.

제9과

슬기로운 교회 생활

인도자 가이드

우리는 교회에서 세례의 소명을 실천하기 위해 서로 격려하고 서로 책임질 필요가 있습니다. 그리스도 안에 계신 하나님은 몸의 각 구성원에게 공공의 선을 위해 특별한 은사를 주십니다. 이 은사들은 우리의 예배를 섬기기 위해 중요한 것이지만, 단지 우리만 섬기기 위한 것은 아닙니다. 오히려 우리가 영적 은사를 나눠야 할 영역은 가정, 직장, 학교, 공동체, 세상 등 이웃을 섬기는 자리입니다. 우리가 말씀과 성례 가운데 예배로 모일 때, 하나님은 매일의 삶 속에서 이웃을 섬기는 예배의 실천으로 여러분을 초청합니다.

목표

- 그리스도의 몸의 구성원으로서 당신은 어떤 사역에 부름을 받았는지 확인합니다.
- 세례를 받은 모든 사람은 일상생활에서 사역자라는 생각을 하도록 합니다.
- 예배와 일상생활을 어떻게 연결할지 알려줍니다.

묵상하기

QR 코드로 영상 강의를 듣고 난 이후 각자 느낀점을 함께 이야기해 봅시다. 오늘날 한국교회의 매력은 무엇이고, 부족한 점은 무엇인지 이야기해 봅시다.

관찰하기

❶ 우리가 세례를 받을 때, 우리는 그리스도의 몸인 교회의 구성원이 됩니다. 바울은 고린도전서 12:27에서 다음과 같이 말합니다. "너희는 그리스도의 몸이요 지체의 각 부분이라."

그리스도의 몸의 구성원으로서 여러분이 받은 모든 은사는 공동선(common good)을 위한 것입니다. 이제는 여러분이 받은 은사를 다른 이를 돕기 위해 어떻게 사용할지 고민하고 결정하는 것이 중요합니다.

그리스도의 몸의 구성원이 된다는 것은 어떤 의미일까요? 그리스도의 몸의 구성원들이 공동의 선을 위해 나눠야 할 은사는 무엇이라고 생각하나요?

❷ 루터는 하나님 앞에서 세례를 받은 모든 사람은 동등한 지위를 가지고 있다고 확신했습니다. 세례를 받은 모든 형태의 사역자는 동등한 가치를 가지고 있습니다.

사역이라는 말은 신약성경의 "디아코니아"(diakonia)로부터 왔고, 봉사를 의미합니다. 우리가 다른 사람을 섬길 때, 우리는 사역을 하는 겁니다. 당신은 사역자입니다.

세례를 받은 모든 사람은 그리스도 안에 계신 하나님 앞에서 동등한 지위를 갖습니다. 우리는 일상생활의 주요 영역, 즉 가정, 직장, 학교, 지역사회 및 전 세계가 사역의 장이라는 사실을 깨달아야 합니다. 당신은 이런 일상의 영역 속에서 사역자 혹은 목회자로 살고 있습니까?

❸ 루터는 소교리문답에서 다음과 같이 말합니다. "우리는 하나님을 두려워하면서 사랑합니다. 하나님의 말씀을 전하는 것을 경멸하지 않고 오히려 그 말씀을 거룩하게 지키고 기쁘게 듣고 배울려고 하기 때문입니다."

예배는 용서받고, 하나님을 찬양하고, 하나님의 말씀을 듣고, 기도하고, 성찬을 받고, 하나님의 축복과 함께 파송 받는 하나님의 백성의 모임입니다. 예배할 때, 그리스도 안에 계신 하나님이 우리의 마음과 생각을 형성하고 일상에서 사역할 수 있도록 준비시켜 주십니다. 예배의 각 부분은 일상생활에서 사역을 실천하는 방법을 알려줍니다.

예를 들어, 여러분이 노래를 부를 때, 여러분은 날마다 하나님을 찬양하는 방법을 배웁니다. 설교와 말씀을 들을 때, 여러분은 성경과 일상을 연결하는 방법을 배웁니다. 여러분이 평화의 인사를 나눌 때, 날마다 그리스도의 평화를 다른 이들과 나누는 법을 배우게 됩니다. 기도 할 때, 하나님께서 다른 사람을 섬기라는 외침을 듣게 됩니다. 여러분이 성찬에 참여할 때, 예수님은 여러분을 초대하고 여러분은 다른 이들을 초대하는 법을 배우게 됩니다. 예배가 끝나면, 여러분은 "가서 주님을 섬기라"라고 보내집니다.

토론하기

- 여러분의 도덕적 성품은 어떻게 형성되고 누구에게 영향을 많이 받았나요? 기독교 신앙과 예배는 여러분의 성격에 어떤 영향을 끼쳤나요?

- 하나님은 예배를 통해 당신의 일상생활을 어떻게 형성하고 준비시키나요? 예배를 드리기 전과 후에 여러분의 삶은 어떻게 변화되나요?

- 가족, 직장 동료, 이웃을 섬기기 위해 내가 해야 할 일은 무엇일까요? 우리는 그들을 위해 어떤 사역을 할 수 있을까요? 작은 실천을 하나씩 이야기해 봅시다.

기도하기

전능하고 영원하신 주님,

모든 교회를 당신의 성령으로 거룩하게 하소서.

진심으로 간구하오니, 이 교회에 속한 모든 지체가

은총과 믿음 가운데 당신을 온전히 섬기게 하소서.

당신의 아들 우리 주 예수 그리스도의 이름으로 기도합니다.

아멘.

마르틴 루터, 214.

제10과

세상을 품은 그리스도인

인도자 가이드

10과에서는 “온 세상에 하나님의 정의와 평화”를 위해 분투함으로 이웃을 섬기면서 각자의 소명을 실천하는 그리스도인의 책임을 다룹니다. 분투한다는 것은 목적과 결의를 가지고 의도적으로 행동한다는 것입니다. 우리 사회의 이슈를 분석하고, 이러한 이슈를 해결하기 위해 다른 사람의 관심에 호소하는 것, 이런 분투가 공동체 기반에 큰 도움이 될 수 있습니다. 공동체를 조직하는 것은 평화, 정의, 창조세계의 돌봄, 인권 옹호를 위한 다양한 활동으로 이어집니다.

목표

- 온 세상에 정의와 평화를 위해 분투한다는 것이 무슨 의미인지 살펴봅니다.
- 어떻게 우리의 이웃이 요구하는 정의와 평화를 행할 수 있는지 살펴봅니다.

묵상하기

QR 코드로 영상을 본 후 한국교회가 하고 있는 디아코니아 사역은 무엇인지 이야기해 봅시다. 또 앞으로 우리교회가 해야 할 디아코니아 사역은 무엇이 있을지 생각해 봅시다.

관찰하기

❶ 미가서 6:6-8의 말씀을 읽고 하나님께서 우리에게 요구하는 삶은 어떤 것인지 이야기해 봅시다.

미가 선지자는 하나님을 예배하는 사람들이 왜 일상생활에서 이웃을 섬기지 않는지 질문했습니다. 하나님을 참되게 예배하는 사람들은 일상생활에서 정의를 행하고, 인자를 사랑하고 겸손하게 하나님과 동행하는 사람들입니다.

일상생활에서 하나님을 예배하는 것과 이웃을 섬기는 것 사이에는 어떤 관련이 있을까요? 일상생활에서 그리스도인들이 "정의를 행하는 것"을 본 적이 있나요? 일상생활에서 그리스도인들이 "친절을 베푸는 것"을 본 적이 있나요? 일상생활에서 그리스도인들이 "겸손하게 걷는 것"을 본 적이 있나요? 어떻게 하면 서로가 정의를 행하고, 친절을 베풀며, 겸손하게 하나님과 동행하도록 격려할 수 있을까요?

❷ **로마서 12:9–18을 함께 읽고, 정의와 평화를 위한 그리스도인의 사명에 관해서 이야기해 봅니다.**

성경에서 정의란 "하나님의 뜻에 맞추어 가지런히 배열하라"는 뜻입니다. 따라서 그리스도인에게 정의란 "하나님의 뜻에 따라 공정하게 행동하고 대우하는 것"이며 "제대로 인정해 주는 것"을 의미합니다. 정의란 개인적인 행동뿐 아니라 사람들이 사회에서 어떻게 대우받는지도 포함합니다.

평화는 "완전하게 됨"이자 "온전하게 만드는 것"을 의미합니다. 평화는 우리를 온전하게 만드는 하나님, 이웃, 창조세계와 생명을 주고받는 관계를 포함합니다.

우리가 사회에서 함께 살아가기 위해서는 삶의 기본적인 필수품들이 필요합니다. 충분한 먹거리, 깨끗한 물, 살 수 있는 공간, 기본적인 건강 관리와 교육, 평화, 안전, 참여할 수 있는 자유 등. 우리의 이웃을 사랑하는 것에는 개인의 행동뿐 아니라 사회적 약자가 강자에게 피해를 입지 않도록 보호하는 정책도 포함됩니다.

❸ **루터는 이렇게 말합니다. "우리의 믿음은 살아있고, 활동적이고, 강력한 것입니다."**

살아있는 믿음은 이웃을 초대하고, 그들을 위해 기도하며, 함께 공부하고, 나눠주고, 격려하고, 봉사하는 것을 의미합니다. 하나님께서 우리에게 주신 자유는 우리가 가진 것으로 다른 이들을 섬기기 위해 주신 것입니다.

우리에게는 가족, 직장 동료, 지역 사회 사람들, 그리고 전 세계에 걸쳐 우리의 적극적인 참여에 영향을 받는 사람들, 이 모든 이들의 필요를 채워 줄 자유가 있습니다. 일상의 신앙 실천에 참여함으로써 우리는 일상생활의 기쁨을 회복할 수 있습니다.

토론하기

- **최근 역사에서 정의와 평화를 실천한 사례가 있었는지 이야기해봅시다. 가난하고 어려운 사람들의 권리를 옹호하기 위해 목소리를 높였던 사례는 무엇인가요?**

- **사회의 정의와 평화를 증진하기 위해 개인적으로 할 수 있는 일은 무엇일까요? 사회의 정의와 평화를 위해 우리가 함께할 수 있는 일은 무엇일까요? 어떻게 하면 우리는 사회의 정의와 평화를 위해 일하도록 서로 격려할 수 있을까요?**

- **말할 수 없는 이들을 위해 여러분이 말을 했던 경험이 있나요? 빈곤층**

의 권리를 위해 목소리를 높였던 경험이 있나요? 가난하고 어려운 사람들의 권리를 변호하기 위해 우리가 함께할 수 있는 일은 무엇일까요? 어떻게 하면 서로가 이들을 변호하도록 격려할 수 있을까요?

기도하기

주님, 당신의 나라 모든 곳에 평화를 주소서.
모든 백성에게 건강과 평화를 주소서.
주님, 당신은 우리에게 거룩한 소망을 일깨우며,
유익한 권고를 주고,
의로운 행동을 하게 만드는 하늘 아버지이십니다.
당신의 종들에게 세상이 줄 수 없는 평화를 주소서.
그리하여 우리의 마음이 당신의 명령에 견고히 붙어있게 하소서.
원수의 위협에서 안전히 보호하여 주시고, 평안히 지내게 하소서.
당신의 아들 우리 주 예수 그리스도의 이름으로 기도합니다.
아멘.

마르틴 루터, p. 209.

부록

예배 순서와 동작에는 어떤 뜻이 있나요?

루터교회에서 예배는 죄인들을 불러 위로하고 힘을 주시는 은총의 사건이며, 이에 대한 인간의 반응이라고 설명합니다. 주님은 말씀과 성찬으로 은총을 주시고, 우리는 기도와 감사와 찬송으로 하나님께 응답합니다. 이런 거룩한 만남과 소통이 루터교회 공동예배의 순서 안에 담겨 있습니다.◆

가. 예배 전

자리배정 – 기도–주보의 교회력 성서 본문 찾아 묵상하기

예배당에 들어오면, 안내위원에게 주보와 예배의식문을 받고 자리를 잡습니다. 그런 다음 아주 잠깐이라도 말씀과 성찬으로 주실 하나님의 은총이 우리 모두에게 가득하도록 기도하길 권합니다. 앉을 자리를 결정했으면, 바로 자리에 앉지 말고 선 채로 기도해 보는 건 어떨까요? 기도의 자세는 다양하지만, 예배당에 들어와 첫 번째 기도를 서서 하는 것은 오래된 교회 전통입니다.

서서 기도하는 자세는 부활의 주님을 기쁨으로 찬송하는 몸의 기도이기도 하고, '내가 지금 하나님 앞에 단독자로 서 있다'는 신앙의 고백이기도 합니다. 이렇게 기도하면서 우리는 예배의 첫 시간을 기쁨과 떨림이 공존하는 경외의 체험을 하게 됩니다. 예배당에 들어와 서서 기도하는 것, 처음엔 낯설 겁니다. 그래도 한 번 시도해 보길 권합니다. 주님의 위로와 안식, 쉼의 자리가 약속된 이곳에 들어와 서서 기도할 때, 하나님 앞에 서 있는 '나'를 발견하게 될 겁니다. 기도한 후 착석하면, 이제 주보를 펼쳐보세요. 거기 나온 오늘의 성서 본문과 찬송가를 찾아 표시해 두고, 오늘 우리에게 주실 복음을 기대하며 조용히 묵상해 보길 권합니다.

찬양

예배가 시작하기 전 함께 찬양하며 예배를 준비할 수 있습니다. 찬양은 하나님의 부르심에 감사하는 응답이며, 하나님을 향한 곡조 붙은 기도입니다.

나. 예배의 시작

시작 알림

예배의 시작을 알리는 방법은 여러 가지입니다. 집례자가 시작을 알리는 게 일반적이지만, 그 외에도 종소리나 악기, 또는 오르간 연주로도 예배의 시작을 알릴 수 있습니다. 유럽교회에서는 파이프오르간 연주가 예배의 첫 부분을 차지하는데, 이유는 하나님이 창조하신 원리인 질서와 조화에 가장 잘 어울리는 것이기 때문입니다. 루터에게 있어서도 음악은 신학과 함께 가장 중요한 하나님의 선물로 여겨집니다.

시작 선언

루터교회 예배를 시작할 때 집례자는 교회력에 맞는 성경 구절을 이용하여 시작하는 게 좋습니다. 이때 성경 구절은 그날 예배의 성격을 알리는 성구이거나 그날 설교의 핵심이 되는 짧은 말이면 좋습니다. 예를 들면, "우리의 그리스도 예수께선, '수고하고 무거운 짐 진 자들아 다 내게로 오라 내가 너희를 쉬게 하겠다고 말씀하셨습니다. 이제 다 같이 일어나 찬송가 ○○○장 찬송하며 성령강림절 후 첫째 주일 예배를 시작하겠습니다."라고 할 수 있습니다.

촛불 점화와 입당송

입당은 성전에 들어 감을 의미합니다. 입당 찬송은 예배 봉사자 행렬과 함께 교인들을 예배의 신비로 인도합니다. 입당송은 빛으로 오신 그리스도의 임재와 하나님이 우리를 위해 준비하신 말씀과 성찬의 식탁을 감사하며 환영하는 교회 공동체의 환호입니다. 이때 모든 사람이 자리에서 일어섭니다.

서는 자세

신자는 예배실에 들어와 하나님 앞에 설 때, 그리고 공동예배의 처음과 끝인 입당과 퇴장(파송찬송) 때 모두 일어섭니다. 그 의미는 하나님을 향한 감사와 경외의 표현입니다. 하나님을 향한 경외의 자세는 예배 봉사자뿐 아니라 예배에 참여하는 모든 이에게 필요합니다. 존경의 표시인 선 자세는 복음서 봉독 때도 적용됩니다. 이때 복음서 봉독자는 예의를 갖춰 성경을 두 손으로 받쳐 들고 읽습니다.

행렬

입당 찬송을 부르며 예배 봉사자가 줄지어 걷는 행렬은 공동의 의지와 소망을 표현하고 증언하는 일종의 신앙고백입니다. 예배 행렬은 기쁨과 슬픔, 소망, 증거, 축제, 환영, 존경, 하나님께 나아간다는 다양한 의미로 사용됩니다. 성경에 나온 용례로는 다윗이

언약궤를 운반할 때 감격과 경외감으로 행진했고(시 68), 유대인들은 초막절에 예루살렘에 한 주간 동안 머물면서 하나님께 나아간다는 표시로 매일 성전과 실로암 샘 주변을 돌며 행진했습니다.

촛불

촛불은 빛으로 오신 그리스도를 상징합니다. 예배에서 예배 봉사자가 촛불을 따라 행진하는 이유는 어두운 세상 한가운데 빛으로 오신 우리의 그리스도를 따라 살겠다는 고백의 행동입니다. 교회 절기의 색깔에 맞춰 성찬대에 올려진 두 개의 초는 "참 신이며 참 인간"이신 예수 그리스도를 상징합니다.

제단 인사

행렬 끝에 촛불 점화자와 예배 봉사자들은 성찬이 마련된 단을 향해 깊은 절을 합니다. 이 행동은 원래 돌로 되어 있는 제단에 입을 맞추거나 깊이 숙여 절하는 것에서 유래했는데, 한국교회에서는 절하는 것을 택했습니다. 돌 제단에 입을 맞추는 이유는 그리스도께서는 우리의 '머릿돌'이시기 때문입니다. 구약에서 돌은 사막에서 히브리 백성을 보호하고 갈증을 풀어주었던 생명수의 돌 바위로 표현되었고, 신약에선 교회의 머릿돌이신 그리스도를 상징합니다.

성부 성자 성령의 이름으로

삼위일체 하나님의 이름으로 예배 시작을 알리는 것은 예배의 정당성을 선포하는 가장 중요한 표지가 됩니다. 그러므로 모든 예배는 '성부 성자 성령의 이름으로' 선언되는 문구를 중심으로 여러 형식을 첨삭할 수 있습니다. 이 부분을 다른 교육적인 것으로 대치하는 경우가 간혹 있지만, 그것은 교회 전통이나 역사와 거리가 있습니다. 예배 순서 중 가장 오래되고 가장 중요한 순서 중 하나를 함으로써 지난 세대의 성도들과 오늘의 교인들은 같은 예배에 동참하게 됩니다.

죄의 고백과 용서

집례자는 신자들이 자신의 죄를 돌아보고, 은총을 바라도록 참회의 기도에 초대합니다. 이때 교인들은 하나님 앞에 자신의 교만을 내려놓고 정직하게 하나님 앞에 섭니다. 모든 교인이 자신의 죄를 시인하고 뉘우치는 고백의 기도가 끝난 후, 공적 직임으로 세워진 집례자는 삼위일체 하나님의 말씀과 그분의 약속에 기대어 사죄를 선포합니다. 죄의 고백은 형식적인 고백이 되어서는 안 되며, 애통하고 자복하는 마음으로 정직하게 하나님 앞에 서야 합니다(시 32:1-5, 요일 1:8-9, 마 16:19, 18:21-22).

십자표시

'십자성호', 또는 '성호경'이라고도 부르는 십자 표시는 초기 교회부터 이어진 가장 오랜 기도법 가운데 하나입니다. 이 기도법은 개인 기도와 공적 예배에서 널리 사용되고 있습니다. 3세기 교부인 키프리아누스는 이 기도법을 그리스도의 십자가 사역과 연관 지어 설명한 적이 있는데, 위급한 경우나 어려운 일, 위험한 일을 당할 때, 하나님의 도움을 구하는 가장 짧은 몸의 기도라고 설명합니다. 교회 예배에서 사용할 땐, 전 세계 모든 교회에서 '성부 성자 성령 하나님이 우리와 함께 하심'을 고백하고 기원하며 축복하는 기도로 사용합니다. 예배 시간이 아니더라도 하루를 시작하거나 마감할 때, 또는 중요한 일을 앞두고 해 보는 건 어떨까요? 하나님의 이름을 부르며 몸의 기도를 시작하는 순간 주님께서 우리를 시련과 유혹에서 굳건히 지켜주실 겁니다.

Q. 십자표시는 어떻게 하나요?

이마-입-가슴에 작은 십자가를 그리는 작은 성호경도 있지만, 루터교회 예배에선 이마-가슴-어깨로 이어지는 큰 십자표시(성호경)을 사용합니다. 손 모양은 다섯 손가락을 모두 모으거나 세 손가락을 사용하여 "성부와 성자와 성령의 이름으로. 아멘"이라고 기도합니다. 위(성부)에서 아래(성자)로 내려오는 손의 방향은 하늘의 "성부" 하나님께서 우리가 사는 땅으로 성육하시고, (성자)는 성경의 말씀을 기억하게 하고, 어깨선을 따라 수평으로 긋는 행동(성령의 이름으로)은 보혜사 성령이 우리를 성령의 능력으로 하나 되게 하심을 기억하는 상징입니다. 천주교에선 '이마-가슴-왼쪽 어깨-오른 어깨'의 순서이지만, 동방교회와 루터교회는 '이마-가슴-오른 어깨-왼쪽 어깨' 순입니다. 통상, 오른편은 유대, 왼편은 이방을 상징하는데, 루터교회에선 '예루살렘과 유대와 사마리아와 땅끝까지 복음을 전파하라'(행 1:8)는 주님의 말씀을 떠올리며 십자표시를 긋습니다. '이마-가슴-어깨'는 인간의 지정의(知情意)를 뜻하기도 해서 '삼위일체 하나님이 우리의 지성, 감성, 의지를 모두 선하게 지키신다'라는 의미도 포함합니다.

다. 부르심과 응답

기도송

'주여, 우리를 불쌍히 여기소서'(키리에)라고 말하는 이 기도송은 주님을 부르며 그분의 자비를 간청하는 노래 기도입니다. 전통적인 서방교회 예배에서 세 번 반복되는 이 기도의 의미는 첫 번째는 성부 하나님께, 두 번째는 성자이신 예수 그리스도께, 그리고 마지막은 성령께 자비를 구하지만, 한국 루터교회 예배의식서는 독특하게 네 번의 키리에로 구성되어 있습니다.◆◆ 우리는 이

짧은 기도를 통해 우리의 모든 고통과 탄원을 신실하신 하나님께 맡기며 그분의 도움을 소망합니다. 인간의 도움과 능력은 한계가 있고, 우리를 참으로 도울 수 있는 분은 오직 삼위일체 하나님만이라는 고백의 기도송입니다(시 103:13, 마 9:27, 15:22, 눅 18:10-13).

영광송

영광송은 가장 오래되고 기쁨에 넘치는 기도 중 하나입니다. 감사송(*Te Deum*)과 함께 초대교회 신자들이 즐겨 부르던 시편 가사를 중심으로 전해오는 찬송 형식의 기도입니다. 영광송은 성부, 성자, 성령이신 성삼위 하나님께 영광을 드리는 성시입니다. 내용은 누가복음 2:13-14에 나오는 구세주 탄생을 찬미하는 천사들의 노래로 시작되고, 이어서 하나님 아버지를, 다음에는 성자 예수 그리스도를, 마지막에는 성령께 대한 찬미로 끝납니다. 그러기에 보통 영광송은 주님의 다시 오심을 기다리는 대림절 기간과 속죄의 시기인 사순절을 제외한 모든 주일과 교회 축일에 불립니다.

오늘의 기도

오늘의 기도는 주님의 말씀과 성찬을 나누기 위해 모인 교인들이 함께 '모인 자리'에서 서로 위로하고 지난 일상을 감사하며 드리는 예배의 첫 번째 기도입니다. 이 기도는 교인들의 모든 마음을 모은다는 뜻의 '콜렉타'(*collecta*)라고 부릅니다. 루터교회에서 '오늘의 기도'라고 부르는 이유는 이 기도가 그날 예배의 전체 메시지를 짧게 압축해서 드리는 기도이기 때문입니다. 집례자나 기도자가 "기도합시다"라고 권하면, 회중은 잠깐 침묵의 시간을 갖습니다. 이때 회중은 개인 기도를 드리고, 집례자가 오늘의 기도를 시작하면 신자들은 개인기도를 집례자의 기도에 모아 하나의 기도가 되도록 집중하고, 기도가 끝나면 모두 "아멘"으로 마칩니다(기도 권고-침묵-콜렉타-아멘). 원칙적으로 이 기도는 목회자의 기도이지만, 교인 대표가 목회자를 대신하여 맡을 수도 있습니다. 이 기도는 그날 예배의 성격을 잘 드러냅니다. 오늘의 예배만을 위한 짧은 기도로서 예배 가운데 임재하신 하나님의 권능과 현존을 예배에 참여한 모든 사람이 깨닫도록 해달라는 단순한 기원의 성격을 띠고 있습니다.

라. 말씀의 예배

성서 봉독

하나님은 예배 가운데 우리에게 말씀하십니다. 그때 하나님은 거룩한 성서의 말씀을 사용하고, 세례 받은 사람에게 내주하는 성령은 선포되는 하나님의 말씀을 이해시키고, 듣는 이를 위로하고 회복시키며 삶에 생명을 줍니다. 성서 봉독은 교회가 공적으로 하나님의 말씀을 선포하는 것이기에 봉독자는 반드시 성서를 대면하여 낭독하고, 청중은 귀로 경청해야 합니다. 루터교회에서 매주 선포되는 말씀은 교회력에 의해 잘 다듬어진 성서정과(Lectionary)를 따릅니다.

시편

시편은 수천 년 동안 이스라엘 백성과 초대교회까지 끊이지 않고 전해 내려온 예배의 귀한 기도이자 신앙고백이고, 탄원이며 감사입니다. 전통적으로 집례자와 청중이 시편 가사를 교차로 노래(교송)하는 방법이 일반적이지만, 한국 루터교회에선 노래 대신 교독문 형식을 선택했습니다. 시편은 신앙인의 고백과 체험을 담아 놓은 기도입니다. 그래서 시편을 함께 나눠 교독하는 예배 순서는 하나님을 향한 신뢰와 우리의 곤궁과 의심을 모두 담아내는 시간이 됩니다.

복음서 봉독

복음서 봉독은 말씀의 예배에서 최고의 품위와 가치가 있는 순서이기에 봉독자는 두 손 위에 성경을 펼쳐 낭독하고, 이때 모든 회중은 일어나 복음의 말씀을 듣습니다. 복음은 우리를 위한 하나님의 기쁜 소식이며, 이 복음을 읽는다는 것은 그리스도의 말씀을 선포한다는 의미입니다. 이런 이유로 복음서 낭독은 설교자인 목회자가 맡는 것이 일반적입니다. 복음서 봉독 후 독서자는 "주님의 말씀입니다"라고 말하고, 신자들은 "주께 찬양드리세"라고 응답합니다. "주께 찬양드리세"란 응답송은 신자들이 마음으로부터 우러난 감사의 표현이므로 앵무새처럼 따라 하는 것은 좋은 태도가 아닙니다.

신앙고백

신앙고백은 거룩한 구원 역사의 요약이며, 성서의 진리에 대한 하나님의 가르침에 순종하며 세례 받은 성도의 특권과 책무를 상기시킵니다. 성서 봉독을 하나님이 우리에게 말씀을 건네는 시간이라고 한다면, 신앙고백은 주님을 향한 우리의 응답입니다. 신앙고백을 말씀 선포 앞에 두는 이유는 예배자들의 신앙을 새로이 다짐하는 결단의 행동이기 때문입니다. 신앙고백은 '주님 가르치신 기도'와 함께 2세기 예배부터 사용되었습니다. 교인들은 사도신조나 니케아-콘스탄티노플 신조로 신앙고백을 함께하면서 삼위일체이신 하나님이 교회와 함께 있음을 증언하고 고백합니다. 이는 말씀에 대한 응답이고, 교회와 그리스도를 믿는 전교회가 하나의 몸으로 연결되길 염원하는 기도입니다.

설교

설교는 오늘 우리의 시대와 지금 이 자리에 모인 교회 공동체를 위해 던져지는 하나님의 살아있는 말씀(*viva vox*)입니다. 하나님은 인간의 입을 통해 자신의 뜻과 약속을 전합니다. 그러므로 예배에 모인 모든 성도는 '오늘 하나님은 나에게 무슨 말씀을 하실까?'하며 설교에 대한 기대를 품어야 합니다. 설교는 하나님의 권위 있는 선포인 동시에 설교자의 삶에서 우러난 신앙고백과 확신이 담긴 인간의 말입니다. 설교를 통해 청중은 양심의 가책을 느낄 수도 있고, 반대로 영혼의 위로를 얻을 수도 있습니다. 중요한 것은 설교가 지향하는 최종 목표는 하나님이 우리에게 건네시는 말씀에 '아멘'으로 순종하고, 그 복음의 말씀이 우리 삶을 위로와 자유와 회복의 삶으로 바꾸는 데 있습니다. 이것이 살아있는 말씀이 선포될 때 일어나는 구원의 사건입니다.

봉헌

고대에 봉헌은 빵과 포도주를 비롯한 감사의 예물을 준비하는 행위였습니다. 이것들은 모두 교인들이 주의 만찬과 나눔을 위해 가져온 일상의 소산물입니다. 봉헌은 그리스도가 죄인을 위해 생명을 바친 것처럼 그리스도와 연합한 우리 자신도 하나님께 드린다는 뜻이 담겨 있습니다. 그래서 봉헌 예물은 우리의 감사와 정성 즉 우리 자신을 바치는 뜻이기도 합니다(고후 8:9, 9:6-7; 엡

5:2; 마 6:19-21; 마 10:8; 롬 12:6-8; 갈 6:2; 시 13:16; 계 4:11). 이렇게 바쳐진 봉헌 예물은 공적이며 거룩한 것이기에 언제나 투명하고 거룩하게 사용해야 합니다.

교회의 기도

설교가 끝난 후 드려지는 교회의 기도는 어느 특정한 성도나 개인을 위한 기도가 아니고 모든 성도와 교회들을 위한 감사와 목회적 성격, 이와 더불어 세상을 위한 교회 공동체의 기도입니다. 그래서 이 기도는 목사 개인의 편협한 관심이나 개교회 기도 제목에 매몰되지 않고, 세계의 모든 교회를 위해, 세계 평화를 위해, 도움이 필요한 모든 사람을 위해, 그리고 지역 공동체를 위한 내용이 담깁니다. 이 기도가 '교회의 기도'인 이유는 교회가 세상에 있어야 할 이유를 보여주기 때문입니다. 이 기도가 끝나면 말씀의 예배가 모두 끝납니다(딤전 2:1-2).

마. 성찬의 예배

성찬 예식은 예수께서 죽음을 앞두고 제자들과 함께 나눈 최후의 만찬에서 유래했습니다. 그러나 예수 그리스도는 지금도 당신의 거룩한 식탁에 우리를 초대합니다. 우리에게 주어진 일상의 모든 것은 창조주 하나님께서 주신 거룩한 것입니다. 특히 성찬식에서 분배되는 빵과 포도주는 예수 그리스도의 살과 피인 동시에 하나님이 우리 생명을 위해 주신 모든 거룩한 것의 대표적 표징입니다. 그래서 우리는 이 성찬을 감사와 잔치로 표현하기도 합니다(Eucharist). 이 감사는 성찬을 받은 개인에게서 끝나지 않습니다. 성찬의 진정한 의미는 개인을 넘어 세상 모든 피조물로 향합니다. 그리스도께서 자신의 몸과 피를 우리에게 나누어 주셨듯, 이제 우리는 도움이 절실한 누군가에게 우리의 삶을 나누겠다는 결단이 성찬례에 임하는 자세입니다. 주님은 그런 믿음으로 떡과 잔을 받는 신자에게 당신의 생명을 선물로 주십니다.

주의 기도

예수께서 직접 가르쳐 주신 기도(마 6:9 이하)로서 이 기도가 성찬례를 나누기 전에 하게 된 것은 4세기 이전부터입니다. 고대교회의 기록에 따르면, 주일날 받은 떡은 그 자리에서 전부 먹지 않고 집에 가지고 가서 아침마다 주의 기도를 한 다음 조금씩 떼어 먹었다고 합니다. 이 기도는 떡과 잔을 받기 전에 하나님 나라가 이 땅 위에 충만하기를 갈망하며, 일용할 양식을 청하고, 우리의 잘못을 용서해 주기를 바라며, 모든 유혹으로부터의 보호를 간청하는 간구들로 이루어져 있습니다. 마르틴 루터는 『대교리문답』

(1529)에서 주기도를 일곱 간구로 나누어 설명하면서, '믿음으로 기도하는 이를 위한 하나님의 위대한 약속'이라고 설명합니다. 이 믿음으로 기도합시다.

거룩송

세 번의 '거룩하시다' 외침은 예수님의 예루살렘 입성 때 이스라엘 백성들이 예수님을 환영하며 환호하던 소리이며, 하나님을 향한 천사들의 찬미입니다. 그러므로 우리가 예배 중에 거룩송(sanctus)을 찬송할 때는 환호와 찬미의 자세로 드려야 합니다. 여기서 '호산나'(Hosanna)라는 말은 '우리를 구원하소서'라는 뜻입니다(시 117, 118:25-26, 사 6:2-3, 마 21:9, 계 4:8).

평화의 인사

주의 기도를 마친 교우들은 평화와 사랑의 인사를 나눕니다. 평화의 인사는 서로가 부활하신 그리스도의 평강 가운데 일치를 나타내고 확인하는 기도이며 인사입니다. 이러한 신자 상호간 인사는 옛날에 '신자들의 기도'라는 공동 기도 다음에 행한 것으로 로마서(16:16)나 베드로전서(5:14)에 나오는 "사랑의 입맞춤"에서 유래했습니다. 전통에 따르면 평화의 인사는 말씀의 예배를 끝맺는 기도의 마침이고, 성찬례에 들어가기 전에 세례 받은 자들이 서로 교환하는 인사였다고 합니다. 여기에는 서로를 용서한다는 중요한 의미가 있습니다. 이 인사를 통해 하나님과 인간 사이를 갈라놓았던 장벽, 인간과 인간 사이를 갈라놓았던 모든 허물과 장벽이 무너지고 온전한 공동체가 됩니다.

하나님의 어린양

이 찬송은 우리 죄를 대신 지신 예수 그리스도에게 용서를 청하는 기도입니다. 같은 구절을 세 번 반복하면서 구원받기에 자격 없는 죄인에게 하나님의 어린양인 그리스도께서 자비를 베풀어 주시길 간구하게 됩니다. 구약에서도 제물로 가장 많이 사용된 짐승은 무죄함과 양순함을 상징하는 어린양이었고, 신약에서도 그리스도는 무죄한 자로서 십자가에서 참혹히 죽으시기까지 온순하게 인내하신 어린양으로 표현됩니다. 그래서 십자가의 예수 그리스도는 하나님의 어린양으로 불리게 됩니다. 세례 요한도 예수 그리스도를 향해 "하나님의 어린양"(요 1:29)이라고 선언하면서 이분께서 세상의 모든 죄를 없애 버린다고 설명했습니다. 이 찬송을 통해 우리는 어린양이신 그리스도 예수를 통해 내려지는 하나님의 자비와 평화를 소망 가운데 간구합니다(사 53:7, 요1: 29, 벧전 1:19-20).

성찬 분배

집례자와 성찬 위원이 먼저 떡과 잔을 받은 후 회중들이 앞으로 나와서 받습니다. 떡과 잔을 받을 때는 "아멘"으로 응답하는데, 이것은 그리스도에 대한 믿음과 세례 때 받은 말씀의 언약을 상기시키는 것입니다. 성찬은 보이는 하나님의 말씀입니다. 그러므로 가장 예의 바른 태도로 (예를 든다면, 두 손을 모아서) 성찬을 받는 것이 옳습니다. 특별히 루터교회에서 성찬은 주님이 주시는 은총의 선물이기에 천주교회 성체성사와 달리 집례하는 목회자도 떡과 잔을 교인에게 받게 됩니다. 이렇게 하는 이유는 종교개혁의 가장 중요한 정신 가운데 하나가 '세례 받은 모든 사람이 제사장'이라는 만인사제직 때문입니다.

시므온의 노래

'메시아를 보기 전에는 결코 죽지 않을 것이다'라는 성령의 약속을 받은 시므온이 부른 짧은 찬송시입니다. 마리아와 요셉이 유대인의 정결례 관습에 따라 어린 예수를 성전에 데려왔을 때, 노년의 시므온이 거기 있었습니다. 시므온은 이 아기가 약속된 구세주임을 알아보고 자신의 품에 아기를 안고서 찬송을 부릅니다. 누가복음 2:29-32에 나오는 이 찬송시는 라틴어 성서(*vulgata*)에서 '눈크 디미티스'(*Nunc dimittis*)라는 말로 시작되기 때문에 '눈크 디미티스'라고도 부릅니다. "주여, 이제는 말씀하신 대로 이 종은 평안히 눈감게 되었습니다"(*Nunc dimittis servum tuum, Domine, secundum verbum tuum, in pace*). 이 찬송은 성취·평화·안식을 뜻하기에 초대교회는 하루를 마무리할 때 이 찬송을 부르곤 했습니다. 한국교회에서 시므온의 노래가 낯선 것이 사실이지만, 역사적으로 보면 장로교의 아버지로 불리는 칼뱅도 자신의 스트라스부르크 예배의식서에서 시므온의 노래를 예배에 사용한 기록이 있습니다.

바. 복의 선언과 파송

예배의 맨 마지막은 축도라고 알려진 복의 선언과 파송입니다. 복음의 말씀과 성찬으로 힘을 얻은 예배 공동체는 이제 일상으로 보내집니다. 세상의 모든 일과 직업은 하나님이 소명하신 거룩한 장소입니다. 종교개혁자들은 세상의 모든 직업을 하나님이 일하시는 거룩한 예배의 장소이며 시간으로 가르칩니다. 복의 선언은 세상으로 돌아가는 성도들에게 하나님의 보호와 그분의 동행을 약속하는 하나님의 선언이며(민 6:22-27, 눅 24:50), 이 복된 약속에 이어 부르는 퇴장 찬송은 세상으로 향하는 제2의 입당송이며, 제자의 파송이라고 할 수 있습니다. 말씀과 성찬의 힘을 입은 성도들은 이제 주어진 삶의 자리로 돌아가 이웃 안에 살아계신 하나님을 발견하며 살게 될 것입니다.

나가면서

예배란 그 교회의 역사와 신학의 총합입니다. 교회마다 예배 형식이 다양한 이유입니다. 루터교회 예배도 각각의 순서와 구성안에, 그리고 작은 몸짓 안에 루터교회의 살아있는 역사와 신학이 담겨 있습니다. 루터교회 예배에서 핵심은 형식이 아니라, 내용입니다. 루터교회 예배 안에 담긴 모든 순서와 메시지는 '죄인을 위해 말씀과 성찬으로 일하시는 하나님', 즉 복음의 위로와 안식, 그리고 자유의 회복에 초점을 맞춥니다.

당신은 오늘 교회 예배에서 어떤 역사와 신학을 찾았나요? 당신을 위해 일하시는 하나님, 위로하며 힘을 주시는 하나님을 발견했나요? 어떤 예배순서에서 하나님이 일하시는 감동을 얻었나요? 예배에서 하나님의 복음을 만나고 구원의 힘을 얻길 바랍니다. 하나님은 당신이 만난 그 힘으로 당신 자신과 세상을 서서히 변화시킬 것입니다.

최주훈 목사

중앙루터교회, 레겐스부르크대학교, Dr. phil.

◆ 예배의 역사와 신학, 루터교회 예배 순서와 해설은 아래 책을 참조하시오.
최주훈, 『예배란 무엇인가』(서울: 비아토르, 2021).

◆◆ 같은 책, 200, 각주 42.

루터교회 신앙고백과 교리문답

기독교 교회와 인연을 맺게 되는 과정은 사람마다 다양하겠지만, 교회는 무엇인지, 또 교회의 근본 가르침은 무엇이고, 기독교 교인이 되는 것은 무엇을 의미하는지, 그리고 그리스도인으로 사는 삶은 어떠한 것인지 묻고 배우는 일은 매우 중요합니다. '인생은 무엇인가? 나는 누구인가?' 이런 질문을 하지 않아도 우리는 사는 데 크게 불편하지 않지만 이런 질문을 하며 사는 것과 그렇지 않은 삶에는 궁극적으로 많이 차이가 있는 것과 마찬가지입니다.

또한 루터교회와 관련된 사람이라면 루터교회란 무엇인지, 루터교회가 가르치는 근본 교리는 무엇이고, 다른 교파들과 유사한 점과 다른 점은 무엇인지 묻는 것도 필요한 일입니다. 요즘 교파의식이 약화되고, 사회적으로 교회에 대한 무관심이나 비난이 높아지는 상황에서 루터교회가 무엇인지에 대해 관심을 요구하는 것은 시대에 맞지 않는 일로 여겨질 수 있습니다. 그러나 인간의 삶은 언제나 주어진 상황을 통해 전체 중 일부가 될 수밖에 없습니다. 예컨대 우리는 한국인으로서 세계 시민의 일원이 되는 것이고, 특정 교파나 교회에 소속됨으로 기독교인이 됩니다. 교회를 정하지 않은 소위 가나안 성도나 교파에 관심 없이 스스로를 영적인 그리스도인이라고 생각하는 사람이라도 그런 방식으로 기독교인이 됩니다.

개인의 삶은 환경, 특별히 소속된 공동체와 분리되어 생각될 수 없습니다. 나라의 발전과 안정은 국민 개개인의 안녕과 직결되어 있습니다. 교회도 마찬가지입니다. 건강하고 행복한 교회가 복된 성도를 만듭니다. 그러나 둘의 관계는 상호적입니다. 교회를 복된 교회로 만드는 것은 소속된 한 사람 한 사람의 교인입니다. 한 사람 때문에 교회 전체가 새로운 계기를 맞기도 하고, 한 사람 때문에 애써 쌓아온 아름다운 질서가 무너지기도 합니다. 그리스도인 각자가 자신의 교회에 깊은 관심과 사랑을 갖고 헌신할 수 있다면, 같은 시간을 보내더라도 교회 생활의 의미라든가 그것이 자신의 전체 삶에 미치는 영향은 크게 달라질 것입니다.

어느 집단이든 마찬가지지만 교회 역시 저절로 이루어지지 않습니다. 교역자를 포함한 한 두 사람의 역량으로 교회가 유지되거나 성장하기도 하지만, 대를 이어 후손에게까지 값진 신앙의 유산을 남겨주기 위해서는 교회에 속한 모든 지체가 건강하게 성장해야 합니다. 이를 위해서 중요한 것은 교육입니다.

개인이나 사회 모든 영역에서 교육은 언제나 중요한 것이지만 교회교육은 교육의 진정한 의미와 관련해 특히 더 중요합니다. 교회교육은 직업을 위한 교육, 특정 목적을 위한 지식이나 기술을 익히는 교육이 아니라 하나님 앞에서 책임 있는 사람으로 성숙해지기 위한 교육이고, 성경의 근본 가르침에 따라 함께 사는 법, 서로를 위해 필요한 존재가 되는 법을 익히는 교육입니다. 지식과 실천이 하나가 되고, 가르치는 자와 배우는 자가 하나가 되어 이루어지는 교육입니다. 2,000년 교회 역사는 이런 교육이 부재할 때 늘 문제에 부딪혔고, 대부분의 문제들은 참교육을 통해 해결되곤 하였습니다.

루터교회에서의 교리교육은 우리만 옳다거나 다른 교파들과 비교해 우위를 내세우기 위한 교리적 무장이 아닙니다. 마르틴 루터(1483-1546)의 종교개혁으로 시작된 루터교회는 세계 역사의 흐름을 바꾸어 놓았던 종교개혁의 정신이 아직도 전체 교회와 이 세상을 위해 유용하다는 자부심과 소명을 갖고 있습니다. 교리교육은 루터의 통찰로부터 시작된 500년 루터교회 전통의 관점에서 성경을 읽고 적용하는 방식을 익히는 것입니다.

마르틴 루터의 종교개혁은 중세 로마교회의 잘못된 것을 바로잡기 위해 오직 성경의 권위에 호소하며, 바른 교리를 공부하고 실천하는 교육 운동이었습니다. 오늘날 빠른 속도로 세속화되어

가는 이 세상에서 성경의 진리를 바로 선포하기 위해서도 바른 교리교육은 필요합니다. 또한 늘 기독교를 위협해 온 온갖 종류의 이단적 사상에 대해서 바른 분별력을 키우기 위해서도 교리교육은 불가피합니다. 일종의 교육 운동으로 지속한 루터교회가 지금도 강조하는 신앙 교육은 단지 루터교인 뿐 아니라 루터의 통찰을 통해 기독교 신앙의 근본 진리에 더 가까이 접근하고자 하는 모든 그리스도인에게 도움이 될 수 있을 것입니다.

루터교회의 발생과 신앙고백적 특징

루터교회는 마르틴 루터의 종교개혁 때문에 시작된 교회로 개신교로서는 가장 역사가 길고, 종교개혁이 발생했던 유럽뿐 아니라 전 세계적으로 모든 면에서 깊은 영향을 끼친 교회입니다. 그러나 마르틴 루터는 당시 로마 가톨릭과 분리된 새로운 교회를 만들고자 하지 않았습니다. 중세 교황주의 제도 가운데 묻혀 있었던 성경적 복음의 메시지와 사도들의 증언 위에 세워진 초대교회의 참 복음적 신앙을 회복하고자 하였을 뿐입니다.

루터의 종교개혁과 그로부터 시작된 루터교회는 기독교 신앙의 신앙고백적 성격을 재발견하고, 개혁의 힘을 이 신앙고백에서 찾습니다. 일개 수사요 작은 대학교의 성경 교수에 지나지 않았던 루터는 자신이 성경 연구에서 발견한 하나님에 대한 순수한 신앙 때문에 당시 면죄부 판매에 대해 침묵할 수 없었습니다

(1517년 10월 31일). 처음부터 그가 저항하는 사람이었던 것은 아닙니다. 그는 성경의 가르침과 어긋난 면죄부 관행에 대해 진지하게 생각해보자고 제안했고, 그의 제안이 당시 교회와 사람들에게 유익을 줄 수 있기를 희망했습니다.

그러나 그의 순수한 의도가 교황의 권력에 대한 도전으로 받아들여지고, 노골적인 탄압과 박해가 시작되자 루터의 신앙고백은 저항적인 성격을 갖게 됩니다. 교황의 파문에 이어 황제의 심문을 받으며 그의 주장을 철회할 것을 요구받자 그는 이렇게 고백합니다.

> 나는 내가 인용한 성경에 묶여 있으며, 나의 양심은 하나님의 말씀에 사로잡혀 있습니다. 나는 어느 것도 취소할 수 없고 하려고도 하지 않을 것입니다. 왜냐하면 양심을 거역하는 것은 안전하지도 옳지도 않기 때문입니다.◆

목숨을 내건 이 신앙고백 위에 개신교(프로테스탄트)가 세워진 것입니다. 초대교회 역시 주님의 부활을 목격한 사도들의 증언과 신앙고백 위에 세워졌습니다. 초대교회의 신앙고백은 오늘날 우리에게도 익숙한 단순한 것들이었습니다.

- "십자가에 못 박힌 나사렛 예수는 부활하셨습니다."

- "그분이 나의 주 그리스도 하나님의 아들이십니다."
- "우리를 만나시고 치유하시고 가르치시고, 그리고 우리를 위해 십자가에 달리기까지 하신 분이셨지만, 그분은 곧 하나님 자신이셨습니다."
- "그리스도를 통해 온전히 드러난 것은 나 같은 죄인을 위한 하나님의 사랑입니다."

초대교인들은 유대인의 핍박과 황제를 신으로 섬겼던 로마 제국의 극심한 박해에 굴하지 않고 이 신앙고백을 지켜 왔습니다. 지금도 우리 그리스도인들은 시간과 공간의 장벽을 뛰어넘어 초대교회 그리스도인들의 신앙고백에 참여하고 있는 것입니다.

물론 우리의 신앙은 하나님과 나 사이 개인적이고 인격적인 차원의 관계를 근거로 합니다. 그러나 기독교 신앙고백은 결코 개인적인 것으로 머물 수 없습니다. 왜냐하면 "나"의 하나님이 곧 세상을 창조하신 하나님, 온 세상을 구원하고자 하는 구원의 하나님, 지금도 공동체 가운데서 살아 있는 말씀으로 역사하는 성령 하나님이기 때문입니다.

하나님에 대한 개인의 신앙고백은 본질적으로 다른 사람들에게 전달되어야 하고 다음 세대에 계승되어야 합니다. 부활하신 주님을 만난 사도들은 그분으로부터 분명한 명령을 받습니다. "너희는 가서 모든 민족을 제자로 삼아 아버지와 아들과 성령의 이름으로 세례를 베풀고 내가 너희에게 분부한 모든 것을 가르쳐 지키게 하라." 이어서 주님은 축복을 약속하십니다. "볼지어다 내가 세상 끝날까지 너희와 항상 함께 있으리라."(마 28:19-20) 개인의 신앙고백과 이 신앙고백에서 우러나오는 선포와 가르침을 통한 공동체의 신앙고백이 함께할 때, 주님은 우리와 함께하십니다.

신앙고백과 교리문답

교황에 의한 종교적 파문에 이어 루터는 1521년 4월 황제에 의해 법외자로 선고받습니다. 목숨을 보장할 수 없는 상태가 된 것입니다. 루터의 영주는 그를 보호하기 위해 몰래 바르트부르크 성에 피신시킵니다. 그때 루터는 신약성경을 독일어로 번역합니다(1522년 9월). 일반인들도 성경 말씀을 직접 읽을 수 있도록 한 이 성경 번역이 종교개혁 운동에서 매우 중요한 역할을 합니다. 평신도 개개인이 자국어로 된 성경을 읽을 수 있게 되자, 개인적 신앙고백이 되살아나고, 그 신앙고백을 통해 살아있는 교회 공동체를 만드는 일이 가능해졌습니다. 그는 성경 말씀이 스스로 역사하며, 성경 말씀을 읽고 듣고 공부할 때 성령이 역사하여 믿음의 은총을 준다고 확신했습니다.

그러나 성경 해석의 문제는 간단한 문제가 아니었습니다. 일부 극단적인 사람들이 성경의 문자는 중요하지 않다고 주장하며 직접적인 성령의 신비한 체험을 강조했습니다. 루터는 교황이 성경 해석의 최종 권위를 갖고 있다고 주장한 로마교회뿐 아니라 주관적 체험을 강조하는 사람들이 “하나님에게서 오는” 말씀의 성격을 왜곡해 인간적인 방식으로 성경을 읽는 것도 비판했습니다. 비록 읽는 사람은 우리 자신이고, 해석도 읽는 이의 주관적 차원을 배제할 순 없지만, 그리스도인은 성경을 통해 자신을 향한 하나님의 말씀을 만나야 합니다. 성경을 통해 우리의 교만과 지식의 한계를 깨닫게 하는 하나님의 말씀을 들을 수 있어야 합니다. 죄인임에도 우리를 사랑하시며 더는 죄인으로 살지 않도록 도우시는 하나님의 은혜도 말씀을 통해서 발견해야 합니다.

성경을 통한 루터의 복음 체험은 이제 성도들을 깨우고 건전한 교회를 형성하는 과제로 나아갑니다. 처음부터 새로운 교회나 교파를 세울 생각은 없었지만, 루터는 동료와 함께 바른 교리를 토대로 교회 공동체를 형성해 가는 작업에 착수합니다. 기존 교회 계급이 전혀 개혁 운동에 동참할 움직임을 보이지 않자, 루터는 영주들의 힘을 빌려 지역을 사찰하며 교회 현실을 진단합니다. 루터는 성직자들과 성도들의 무지함과 방탕함 그리고 게으른 삶에 충격을 받습니다. 그는 무능한 목회자들을 쫓아내고 목회자 교육을 강화하며 목회자의 소명 절차를 정비합니다. 교회 공동체에 목회자 소명 권한을 부여하며, 목회자와 교회 공동체 모두가 갖는 상호 책임성을 강조합니다. 은혜에 응답하는 그리스도인과 교회의 삶에 있어서 핵심은 하나님과 서로를 향한 책임성입니다.

교회에는 여러 기능이 있지만 신앙고백 중심의 교회론에서는 설교와 가르침 그리고 성도들의 사귐이 모든 제도와 관습에 앞섭니다. 자연히 예배에서 설교가 강조되고, 루터 자신도 설교를 통해 올바른 교리를 가르쳤습니다. 일반적으로 교리라고 하면 딱딱하고 어려운 이론 체계를 떠올리지만, 루터에게 교리는 성경 말씀이 나와 우리 가운데 살아 있는 말씀이 되도록 하는 실천적인 안내였습니다. 루터는 교리를 바로 잡는 일이 중요하다고 생각했는데, 그것은 그리스도인의 삶과 건강한 교회 공동체의 질서가 바른 교리에 달려 있다고 생각했기 때문입니다.

루터는 탁월한 설교자이자 교육자 그리고 목회자였습니다. 그는 목회적 열정을 가지고 모든 사람이 쉽게 공유할 수 있는 교리 교육 교재를 만듭니다. 그는 당시 평신도들이 익숙하게 알고 있는 십계명, 사도신조, 주기도문 그리고 세례와 성만찬의 틀을 이용해 성경 전체를 아우르는 하나님 말씀의 핵심을 정리합니다.

하나님 말씀은 먼저 삶의 질서를 요구하는 율법으로 우리를 만납니다. 하나님은 생명을 사랑하시기에 율법적인 질서를 요구하는 것으로서 그안에 이미 하나님의 사랑이 들어 있습니다. 그러나 사람들은 율법의 문자 조항을 자기에게 유리한 대로 해석 적용하며, 약한 자를 괴롭히고, 공동체의 질서를 파괴하며, 무엇보다 율법에 담긴 하나님의 참뜻인 사랑을 저버리고 자기 합리화를 위해 이용했습니다. 루터는 말씀이 친히 육신이 되신 예수님이 율법의 참뜻을 보여주셨다는 것을 강조하며, 율법을 통해 우리는 우리 자신의 죄와 무력함, 우리를 지배하는 죽음과 마귀의 정체를 깨닫기를 원했습니다. 이렇게 우리가 자신의 죄와 무력함을 의식할 수 있을 때, 우리는 비로소 복음과 은총과 하나님의 도우심을 필요로 하는 사람이 될 수 있습니다. 십계명 해설은 이런 성경 말씀의 중요한 한 축을 설명해 주고 있습니다.

그러나 무엇보다 우리는 말씀에서 복음을 만날 수 있어야 합니다. 하나님은 사랑의 하나님입니다. 하나님은 우리가 죄인임에도 사랑으로 품어주시며 새로운 삶의 가능성을 열어 주십니다. 루터는 이 복음의 말씀이 바로 "나 자신"과 "우리"를 위해 선포된 것임을 믿기 원했습니다. 그리고 이 복음의 핵심을 삼위일체 하나님에 대한 신앙고백을 요약한 사도신경으로 설명했습니다.

루터에게 믿음은 영적 혹은 정신적 능력이나 자질이 아니었습니다. "믿음"은 하나님과 나와의 관계에 관한 개념입니다. 그리스도를 주님으로 믿는 우리의 믿음은 그리스도를 통해 하나님과 나의 관계가 회복되었다는 것을 믿는 믿음입니다. 중요한 것은 하나님과의 관계입니다. 사실, 인간의 삶 전부가 관계와 관련이 있습니다. 작은 가정 안에서도 화목이 천국을 만들고, 불화가 지옥을 만듭니다. 인간의 두려움과 불안과 허무는 믿음과 신뢰의 관계가 무너지기 때문에 경험되는 것입니다. 그 모든 관계의 근원에는 나와 하나님의 관계가 놓여 있습니다. 하나님이 나와 함께 하고, 나를 의롭다 인정하신다는 것을 믿을 때, 우리 자신은 물론 우리와 관계를 맺고 있는 사람들을 긍정할 수 있습니다. 또한 그들을 돕고 그들과 하나가 될 수 있는 능력을 갖게 됩니다.

기도는 하나님과 관계를 유지하는 호흡과 같습니다. 특별히 우리 그리스도인에게는 주님이 직접 가르쳐 주신 기도가 있습니다. 7개의 기원으로 이루어진 짧은 기도에 우리 삶의 방향이 담겨 있고, 하나님이 주고 싶어 하는 최상의 축복이 담겨 있습니다. "기도하라"는 명령은 지금도 우리와 친밀한 관계 가운데 계신 하나님이 우리에게 가장 필요하고도 좋은 것을 주기 원하는 사랑의 의지를 담고 있습니다. 하나님은 언제나 우리와 함께하길 원하시는 분입니다.

그래도 인간의 의지는 연약하기 짝이 없습니다. 작은 일을 계기로 온갖 상상을 하며 하나님이 멀리 계시다고 느낍니다. 자신은 하나님의 은혜를 받을 자격이 없다고 느끼기도 합니다. 주님은 이런 우리의 연약함을 잘 아십니다. 그래서 자신의 느낌에 의존하지 말고, 공적이고 일상적인 상징들을 통해 다시금 힘을 얻도록 계획하셨습니다. 그것이 세례와 성만찬입니다. 세례는 한 번 받는 것이지만, 한 번 받은 그 세례에 담긴 주님의 약속은 언제나 유효합니다. 세례에 담긴 주님의 약속을 늘 새롭게 기억하며 날마다 죽고 새롭게 사는 삶을 살아야 합니다. 우리는 어려운 일을 당할 때 곧잘 우리 자신에 대해 포기하지만, 주님은 결코 우리를 포기하지 않습니다. 그러한 사랑의 뜻이 세례에 담겨 있고, 이 성례전의 은혜는 성만찬을 통해 매 주 예배 때마다 다시금 확인됩니다. 어떻게 물과 떡과 포도주가 그런 엄청난 일을 할 수 있습니까? 물질 자체가 그런 힘을 가진 것은 아닙니다. 하나님은 하늘에 계시지 않고, 우리의 일상 속에서 일상적인 것들을 통해 우리와 함께하심을 확신하기 원하십니다. 성례전은 이 사실을 믿게 하려고 주님이 선택하신 은총의 방편입니다. 중요한 것은 성례전을 제정하고 지키라고 명령하고 약속하신 주님의 은총입니다.

『소교리문답』과 루터교회

위의 내용을 정리하여 루터는 가정에서 아버지가 자녀들에게 가르치도록 그리고 유아세례를 받은 아이가 신앙을 이해할 수 있는 나이가 되었을 때 교리를 가르치도록 『소교리문답』(1529)을 출판합니다. 같은 시기에 『소교리문답』을 가르치는 부모와 교사들을 위해 『대교리문답』을 냅니다. 우리말로는 교리문답이라고 번역되지만, 교리라기보다는 앞서 소개한 하나님 말씀의 진수를 간단한 문답형 문장으로 집필한 것입니다. 『소교리문답』의 문장들은 운율을 붙여 암기하기 쉽도록 만들어졌습니다. 그리고 묻고 답하는 형식으로 작성된 것은 근본적으로 신앙교육이란 "내가 그렇게 믿습니다"라는 신앙고백을 듣기 위한 것이기 때문입니다.

루터의 교리문답서들은 곧바로 루터교회의 핵심 가르침으로 자리 잡게 됩니다. 그리고 500년이 지난 지금까지도 전 세계 루터교회는 루터의 교리문답서에 담긴 내용을 하나님 말씀의 핵심적인 요약으로 그리고 성경을 일관되게 볼 수 있는 관점으로 고백하고 있습니다. 루터의 교리문답서는 가르침을 위한 교재이지만 동시에 신앙고백적 성격을 갖고 있습니다. 형식적으로 루터교회에서 베푸는 세례, 입교는 루터가 요약한 문답 형식의 신앙조항에 "아멘"할 때 주어지는 것입니다. 강조하자면, 루터교회는 세례, 입교를 가볍게 여기지 않습니다. 신앙고백이 없는 사람들에게 주님의 약속이 담긴 은총의 성례전을 남발할 수 없습니다. 그리고 믿음의 대상, 믿음의 조항에 대한 지식이 없는 사람이 신앙고백을 할 수는 없는 법입니다.

루터가 집필한 『소교리문답』은 매우 짧은 분량의 책입니다. 그러나 곧 소교리문답 해설이 함께 첨가되기 시작했습니다. 물론 이는 개인적인 해설이 아닙니다. 권위 있는 사람들이 함께 연구하여 작성하고 교회가 공인하여 사용하는 해설입니다. 그리고 이 해설은 빠르게 변화하는 시대 흐름에 적응하기 위해 지금도 계속 연구되고, 증보판이 발간되고 있습니다. 물론 루터의 교리문답서들을 깊이 연구하고, 구체적인 교회 상황에 맞게 가르치는 책임은 지역교회 담임 목회자에게 있습니다.

시대와 지역에 따라 루터교회는 다양한 전통과 관습을 가지고 발전해 왔습니다. 때로 분열의 역사를 보이기도 했습니다. 그러나 루터교회란 이름을 가지고 있는 모든 교회가 일치하여 공통으로 고백하는 최소한의 신앙고백이 바로 『소교리문답』입니다. 1947년 전 세계 루터교회의 연합체인 루터교세계연맹(LWF: Lutheran World Federation)이 결성되었습니다. 지금은 약 80여 개 가까운 나라의 150여 개 회원 교단이 참여하여 협력 관계를 유지하고 있습니다. 루터교세계연맹은 말할 것도 없이 루터교회들의 모임입니다. 그리고 이 모임에 참여할 수 있는 자격은 다름 아니라 루터의 『소교리문답』을 건전한 성경 해석의 지침과 기본적인 신앙고백으로 받아들이는 것입니다. 이 소교리문답 외에 1530년 아우크스부르크 제국의회에서 종교개혁 측 영주들이 황제에게 제출한 "아우크스부르크 신앙고백서"가 또 다른 하나의 조건인데, 28개 조항으로 구성된 이 신앙고백서는 루터교회의 신학적인 큰 틀을 제공해 주는 문서입니다.

성경은 한 번 읽고 대강 이해하였다고 넘어갈 수 있는 책이 아닙니다. 밤낮으로 묵상하고, 자기 성찰의 거울로 삼아야 할 살아 있는 하나님 말씀입니다. 그런데 성경의 양이 많기 때문에 말씀 묵상은 때로 애매하거나 어렵게 여겨질 때가 있습니다. 따라서 묵상 안내서가 필요하고, 이 묵상 안내는 그리스도인의 삶의 안내로도 중요한 자리를 차지합니다. 『소교리문답』은 이런 묵상의 자료로 오랫동안 유일무이한 가치를 인정받은 책입니다. 루터 자신도 『소교리문답』을 늘 가까이 두고 말씀을 묵상하였습니다. 지금도 교파를 막론하고 루터의 『소교리문답』은 기독교 신앙의 기본 교리 교재로 그리고 묵상의 자료로 사랑을 받고 있습니다.

나가는 말

"세상에 확실한 것은 불확실하다는 사실밖에 없다." 종종 언급되는 말입니다. 우리는 믿음과 신뢰가 우리 삶의 바탕이 된다는 것을 잘 알면서도 우리가 믿고 의지했던 것에 배신을 당하여 불안과 혼란을 겪기도 합니다. 때로는 헛된 것에 대한 믿음 때문에 신뢰와 믿음을 저버리는 사람도 많습니다. 하나님의 말씀을 믿는다는 교회도 이런 세상의 흐름을 이기지 못해 오히려 세상의 비난을 받기도 합니다. 우리는 "신앙" 혹은 "믿음"을 종교적인 차원에만 묶어 두어서는 안 됩니다. 하나님을 믿는다고 하면서 신뢰를 경시하는 삶을 사는 건 모순입니다.

세상은 거짓과 속임수로 가득 차 있습니다. 거짓과 속임수는 언제나 "믿고 의지할 만한 것"으로 위장합니다. 영적으로 말하자면 마귀는 늘 "빛의 천사"와 같은 모습으로 우리에게 접근합니다. 이러한 거짓으로 가득 찬 세상을 살면서 참으로 필요한 지혜는 "분별력"입니다. 열정적 믿음도 중요하지만, 무엇보다 믿음의 대상, 믿음의 내용에 대한 올바른 분별이 중요합니다. 교회 역사에서도 늘 거짓 가르침은 교회를 위협했고, 건전한 교회들도 인간적인 제도나 관습을 말씀 위에 둠으로 말씀의 능력을 가려온 적이 많습니다. 특별히 영적인 면에서 "올바른 분별력"은 인간의 지식과 지성적 판단으로 얻을 수 있는 것이 아닙니다. 루터가 옳게 지적했듯이 성령의 도움 없이는 믿음도 올바른 말씀의 분별도 불가능합니다. 그러나 성령은 말씀을 통해 우리를 만나는 것이기에 성령의 도우심을 바라는 기도 가운데 말씀을 가까이해야 합니다.

오늘날 하나님 말씀이 의심되고 경시되는 현실은 불행한 일입니다. 그러나 역설적으로 이러한 현실 가운데서 하나님을 믿는 사람이 된다는 것, 하나님 말씀을 진지하게 붙잡고 공부하고 묵상하는 것, 참 진리를 추구하는 사람이 된다는 것은 선택된 사람만이 누릴 수 있는 축복입니다. 우리는 참된 복을 알 수 있을 때, 거짓된 복을 거짓으로 분별할 수 있습니다. 참된 명예와 자랑을 알 수 있을 때, 헛된 명예와 자랑의 정체를 알 수 있습니다. 참된 능력을 알 수 있을 때, 의존해야 할 것으로 가장하고 우리를 유혹하던 것들의 공허한 정체를 알 수 있습니다.

하나님의 존재를 부인하고, 하나님 말씀이 진리임을 거부하는 시대적 흐름에 대항해 교회다운 교회를 만들지 못한 교회의 책임이 적지 않지만, 사람은 실패하여도 하나님은 실패하지 않습니다. 지금도 하나님의 창조와 구속의 은혜 그리고 우리를 거룩하게 하시는 성령의 힘은 역사합니다. 그리고 은혜는 "오직 말씀"을 통해 가능한 것입니다. 루터교회는 그 탄생부터 지금까지 올바른 교리와 삶을 바르게 안내하고 가르치는 살아 있는 교육을 멈추지 않았습니다. 교리문답을 통해 루터교회, 아니 기독교 교회의 본질을 새롭게 인식하고, 그러한 교회의 역동성이 우리에게 주는 더할 수 없는 은혜와 축복을 늘 새롭게 체험할 수 있기를 희망합니다.

박일영 목사

기독교한국루터회 총회교육원장

◆ 베른하르트 로제, 『루터입문』, 박일영 옮김(서울: 복있는사람, 2019), 327.

루터교회 세례·입교·새신자를 위한

기독교 신앙의 기초

초판발행 2023년 3월 30일

기획 기독교한국루터회 총회교육원
주소 서울시 용산구 소월로2길 21-11
이메일 lckeducenter2@gmail.com
홈페이지 www.lckedu.or.kr

펴낸이 김은섭
펴낸 곳 도서출판 컨콜디아사
주소 서울시 용산구 소월로2길 21-11
전화 02-3789-7452
팩스 02-3789-7457
홈페이지 www.concordia.or.kr

ISBN 978-89-391-0166-1

값 5,500원